AF568594

GOUACHE FLOWERS

NEUER TREND FÜR WATERCOLOR-FANS!

SCHRITT FÜR SCHRITT FLORALE MOTIVE MIT GOUACHE MALEN

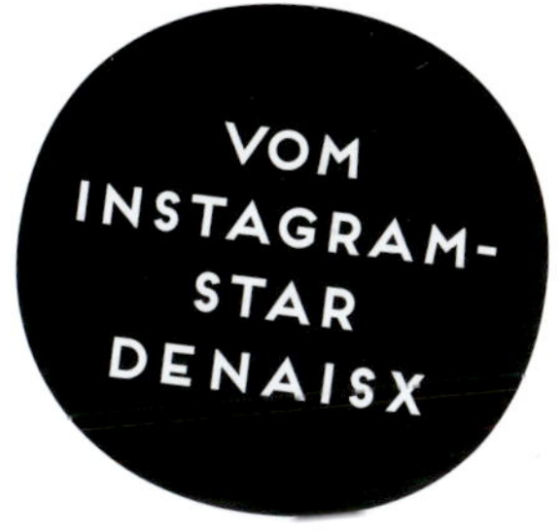

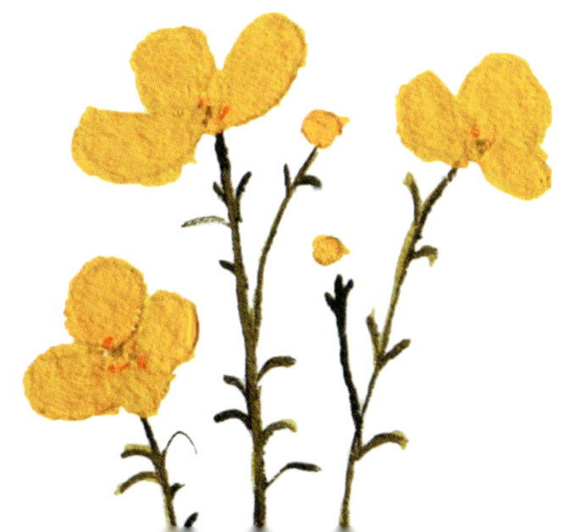

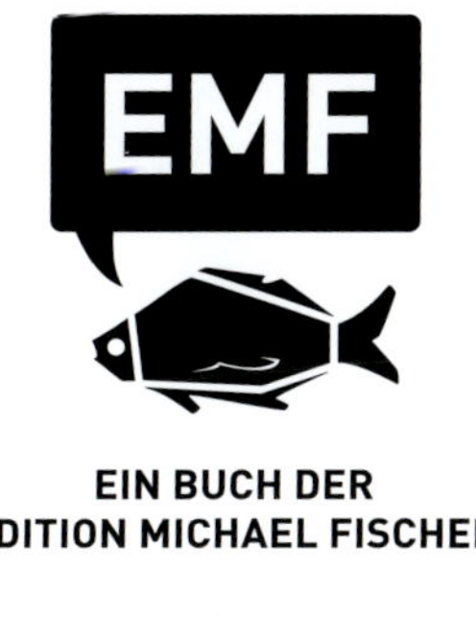

EIN BUCH DER
EDITION MICHAEL FISCHER

INHALT

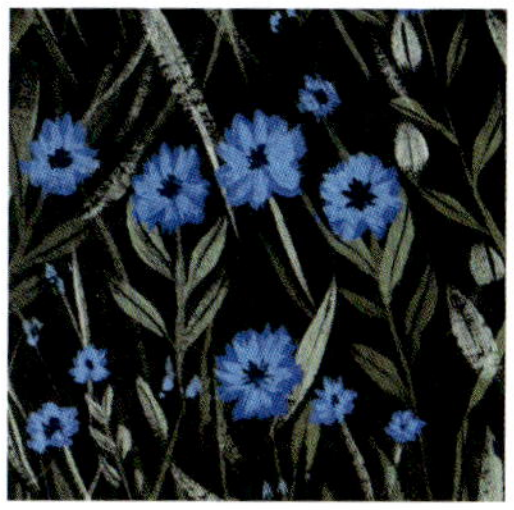

KORNBLUMEN

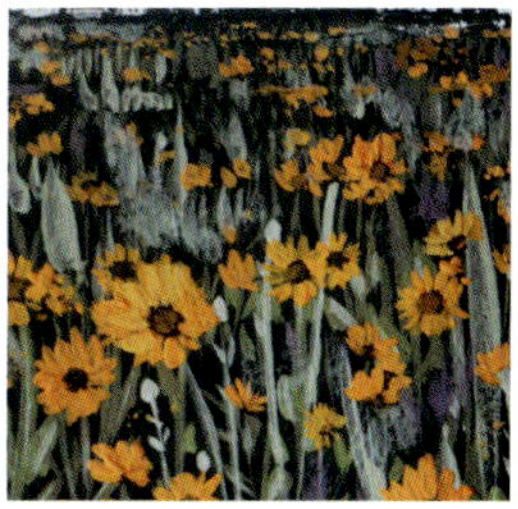

CALENDULA

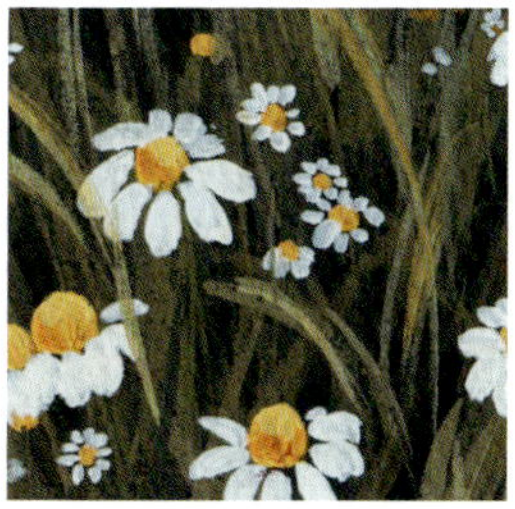

KAMILLE

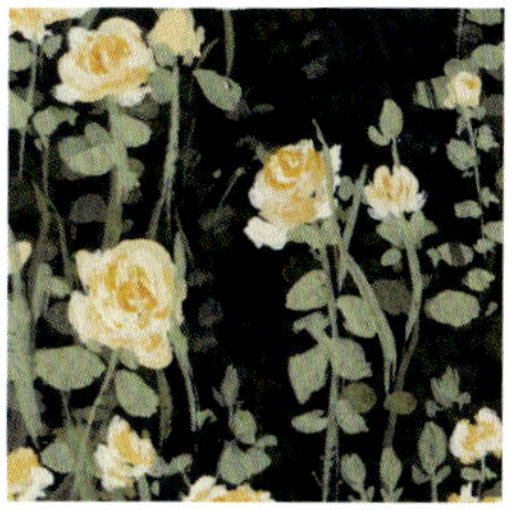

ROSEN

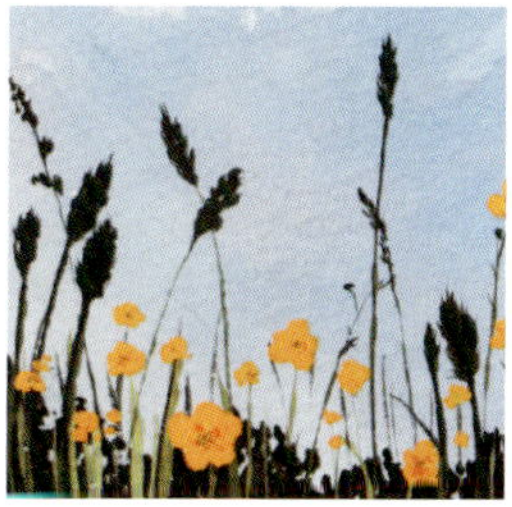

BUTTERBLUME

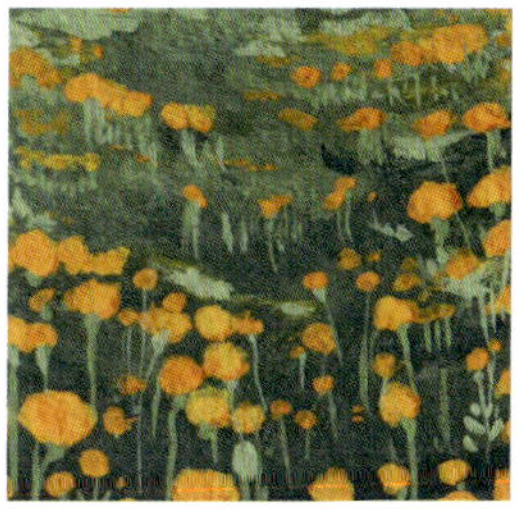

MARIGOLD

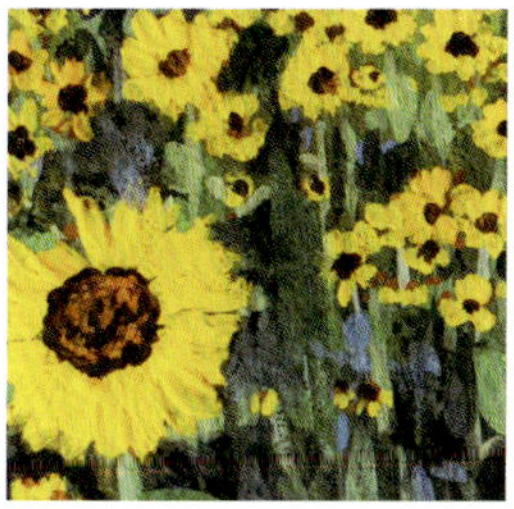

SONNENBLUME

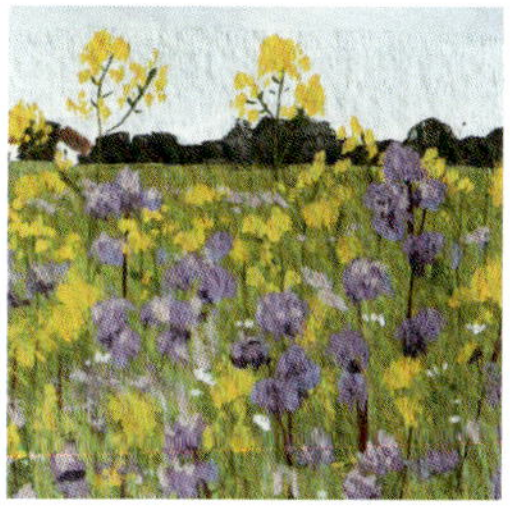

WILDBLUMEN

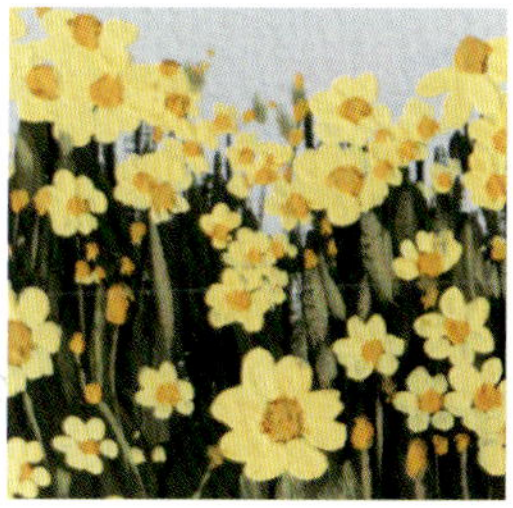

MARGERITEN

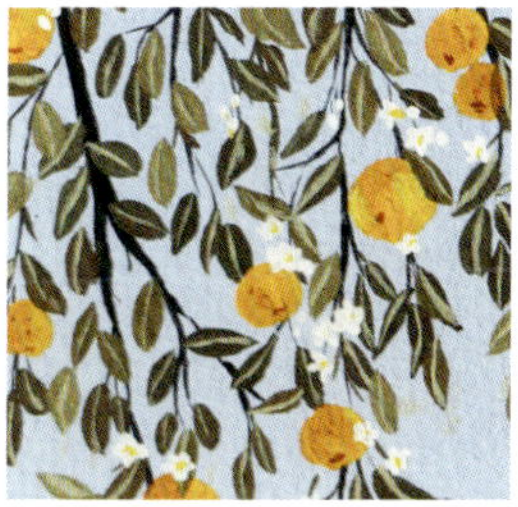

ORANGENBAUM

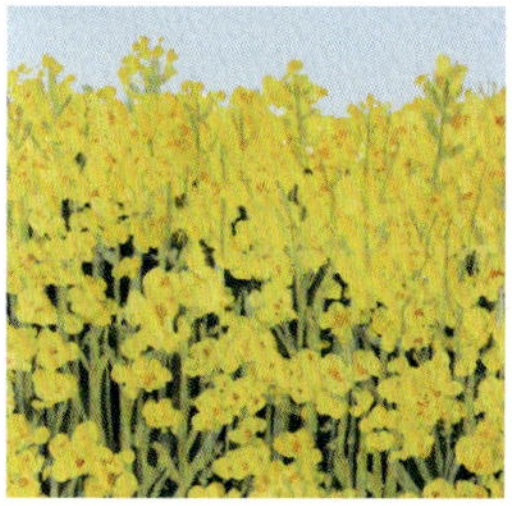

RAPS

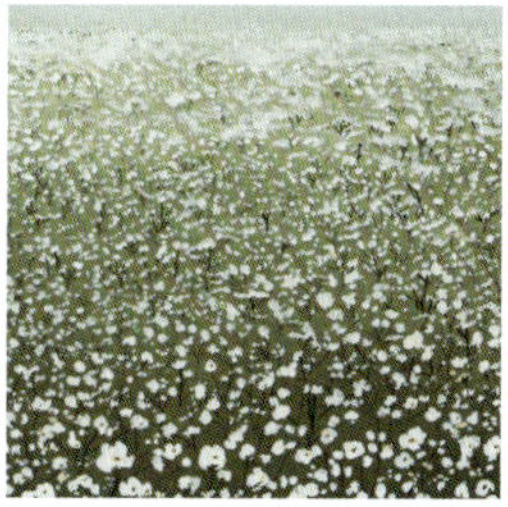

SCHLEIERKRAUT

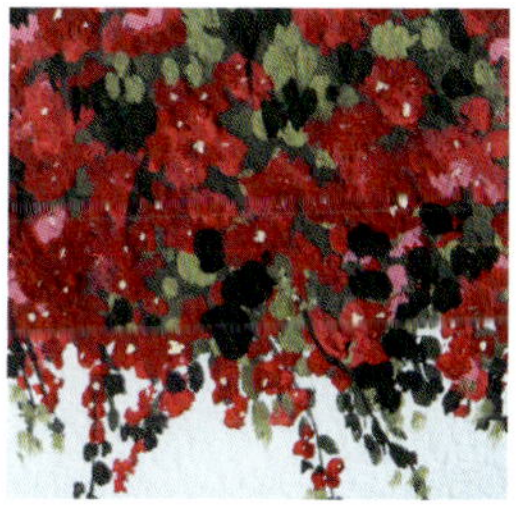

BOUGAINVILLEA

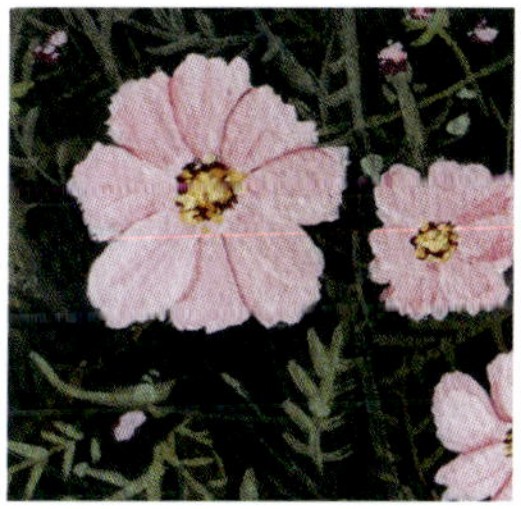

COSMEA

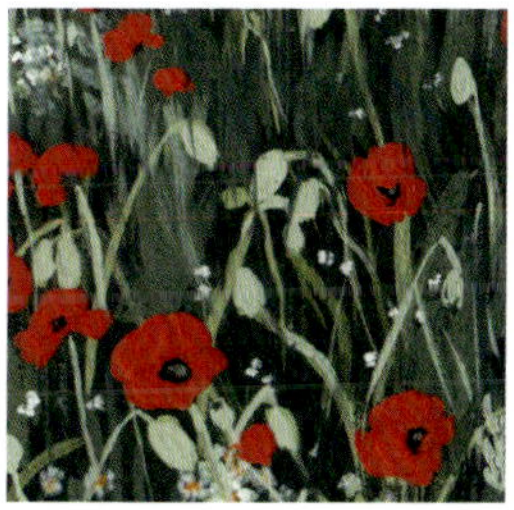

MOHNBLUME

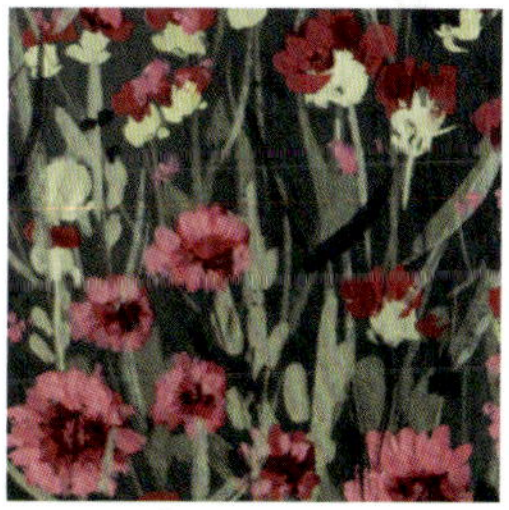

CHRYSANTHEME

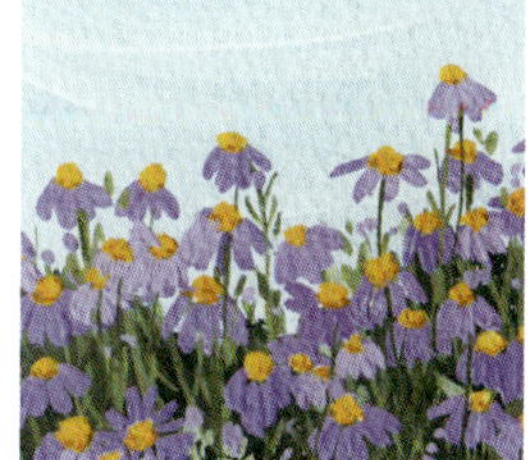

BERGASTER

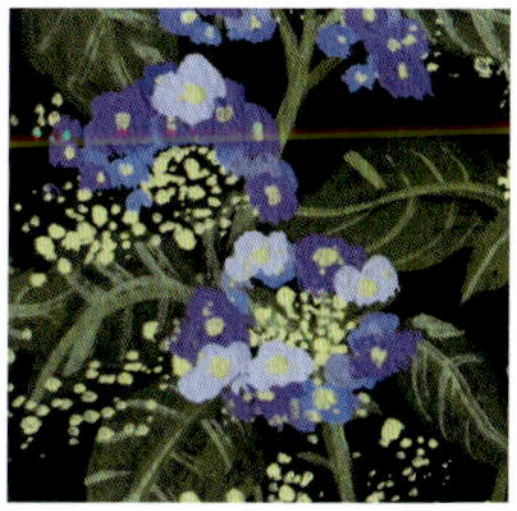

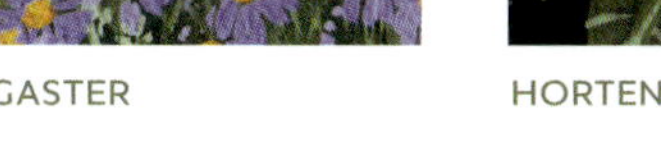

HORTENSIE

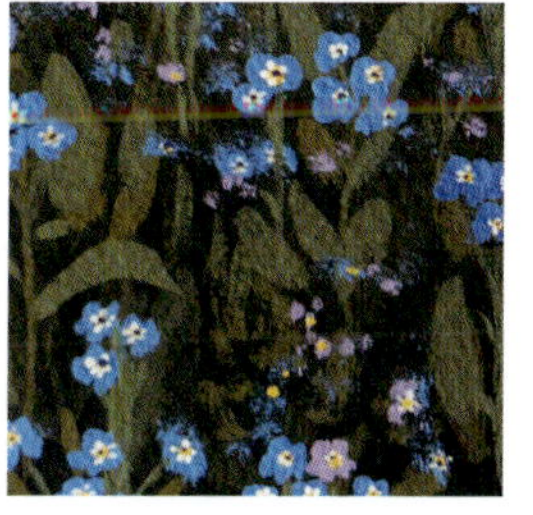

VERGISSMEINNICHT

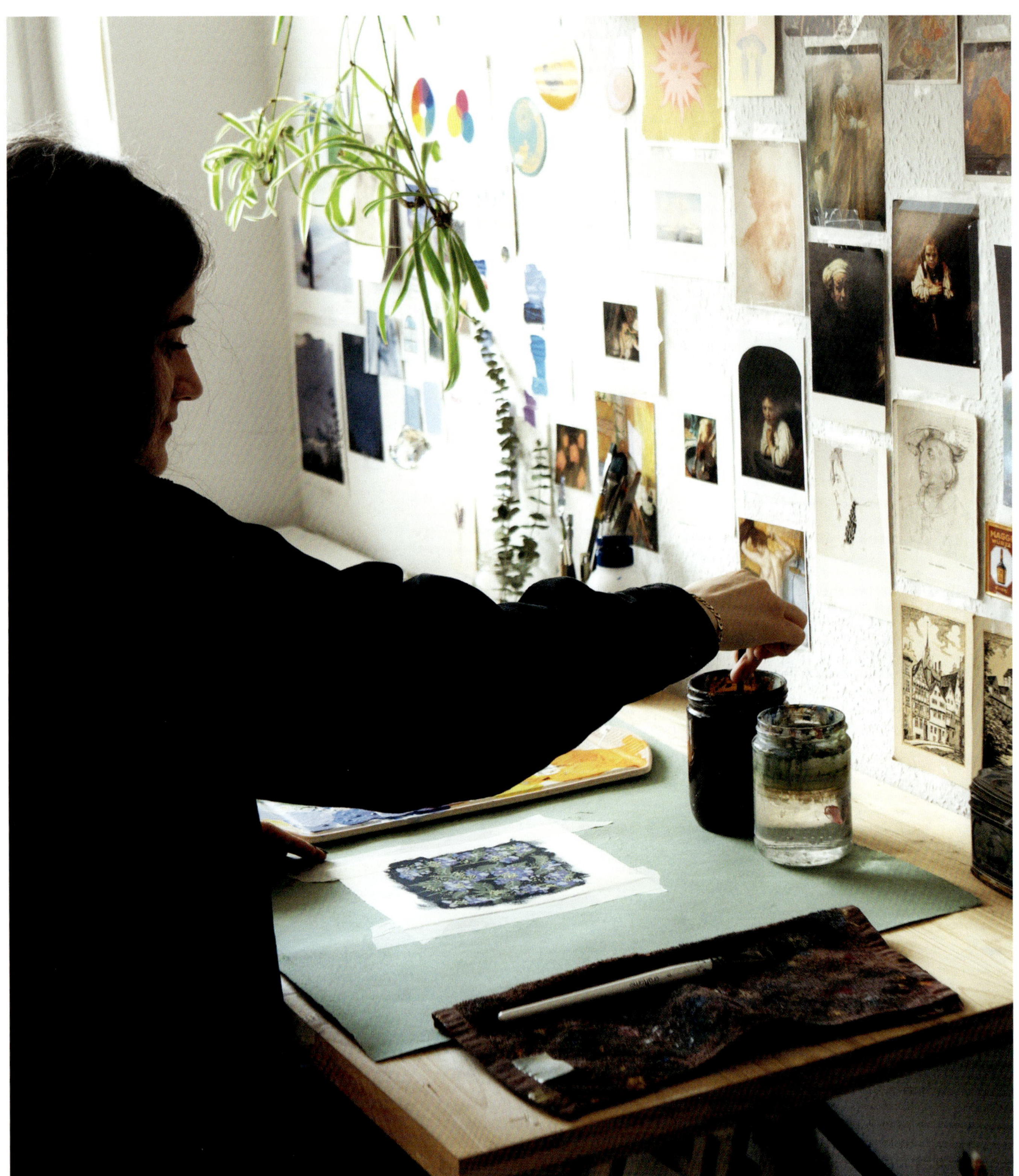

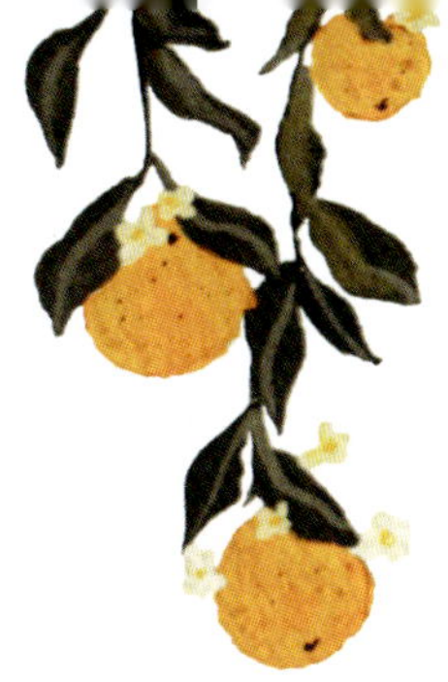

VORWORT

Hallo,

ich freue mich sehr, dass du dich für dieses Buch entschieden hast. Vielleicht bist du schon Künstler, vielleicht willst du Künstler werden oder vielleicht hat einfach nur der Titel dein Interesse geweckt. Egal, was es war, ich freue mich sehr, dass du hier bist und ich dich auf deinem Weg in die Gouachemalerei begleiten darf. Ich hoffe, dieses Buch wird dir Motivation und Inspiration geben, nach draußen zu gehen, genauer hinzuschauen und dann vielleicht sogar deine eigenen Motive zu finden. Vielleicht geht es dir dann irgendwann wie mir, dass du unterwegs bist und dir in Gedanken die Farben für etwas, das du siehst, zusammenmischst. Fehlt es mir einmal an Inspiration, mache ich einen Spaziergang. Danach habe ich nicht nur zu viele Fotos gemacht, sondern auch jede Menge neuer Erfahrungen gesammelt, und meistens kann ich es dann kaum abwarten, das alles aufs Papier zu bringen! Über die Jahre hinweg habe ich auf diese Weise Ordner um Ordner an Bildern gesammelt, die ich als Referenzfotos für meine Gouachebilder nehme. Da reicht manchmal eine bestimmte Blumensorte, eine besondere Farbkombination oder eine interessante Komposition, die ich als Foto aufgenommen habe. Es ist selten so, dass ich alles von meinem Referenzfoto übernehme. Es ist eher ein Anreiz, eine Inspirationsquelle, ein Anfang von etwas, das sich auf dem Papier erst so richtig entwickelt. Genau das soll auch dieses Buch für dich sein: ein kleiner Anreiz und ein Anstoß, deine eigenen wundervollen Werke zu erstellen. Deine Erfahrungen, Erlebnisse und Erinnerungen auf diese Weise zu verewigen hat etwas sehr Besonderes und ist etwas, das nur dir gehört. Im Prinzip ist es nämlich egal, was du malst! Solange du an deinem Motiv interessiert bist und dich traust, auch schwierige Vorlagen zu malen, wirst du schon nach kurzer Zeit merken, dass du dich stetig verbesserst. Wenn du eines aus diesem Buch mitnehmen solltest, dann hoffe ich, dass dich das Buch mutig macht! Mut und vielleicht ein bisschen Hingabe sind alles, was du brauchst. Ich wünsche dir viel Freude mit diesem Buch und hoffe, meine Worte werden dich auf deiner Reise mit dem Medium Gouache begleiten. Wenn du willst, kannst du dich gern mit mir über Instagram **@denaisx** austauschen und mich auf deinen Werken markieren, ich freue mich schon sehr darauf.

Bis dahin alles Liebe

denise

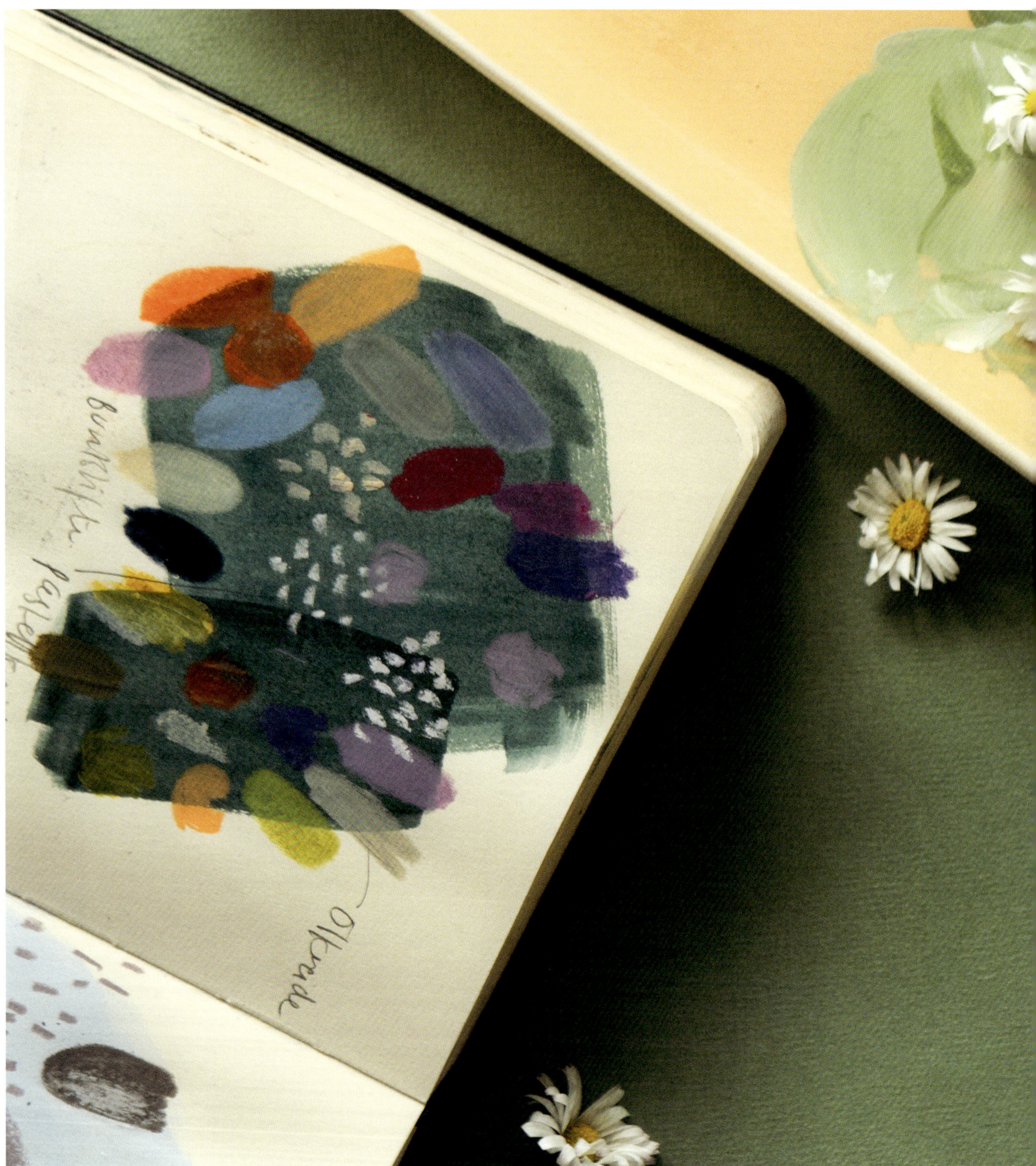

Buntstifte
Ölkreide

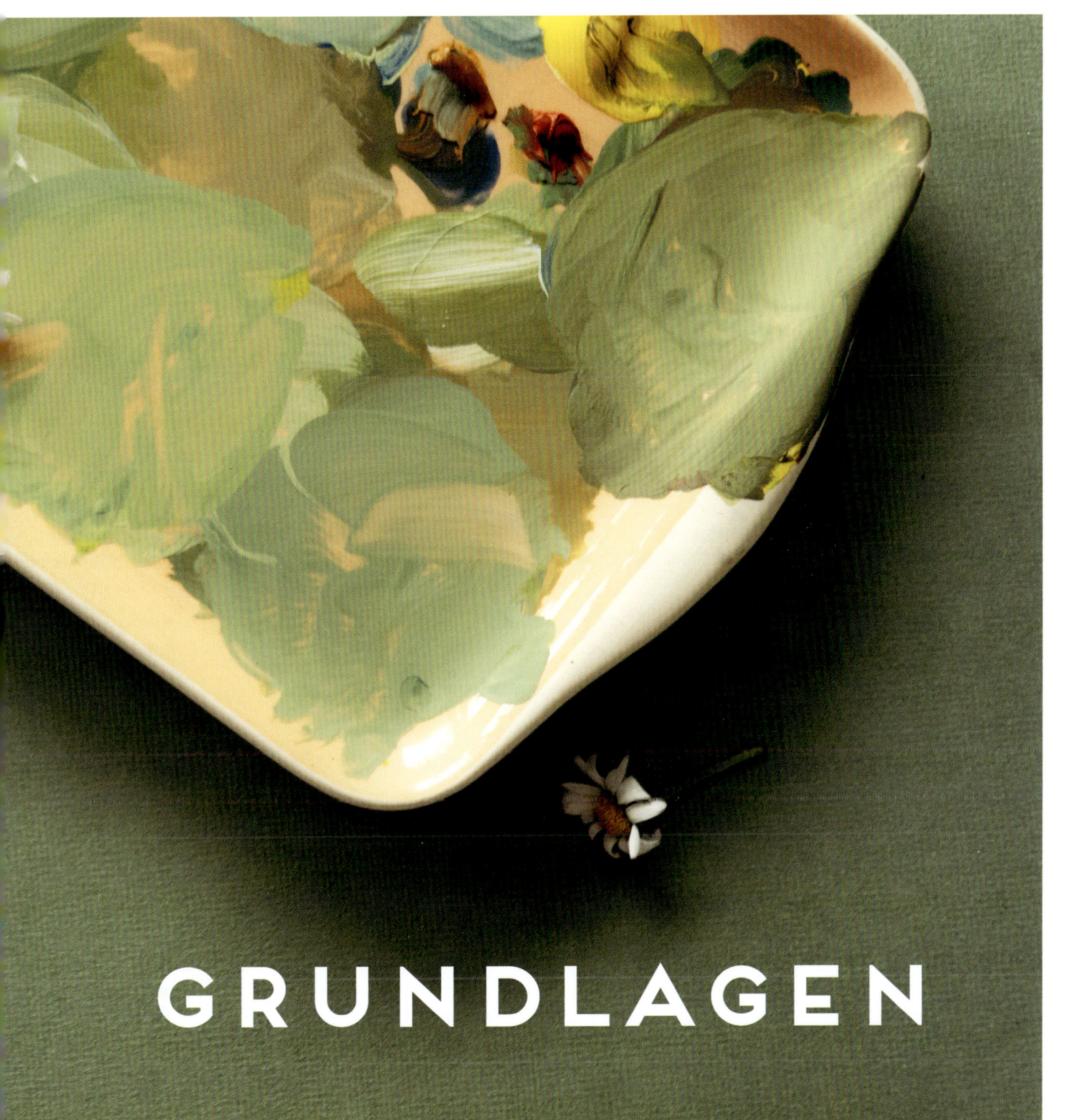

GRUNDLAGEN

MATERIAL

Ich habe Gouache erst vor ein paar Jahren für mich entdeckt, davor hatte ich nicht wirklich etwas davon gehört. Seitdem kann ich mir meine Arbeit aber gar nicht mehr ohne vorstellen. Gouache wird schon seit Jahrhunderten von Künstlern als Medium eingesetzt und heute gewinnt es immer mehr an Popularität. Auch wenn viele Leute vielleicht noch nichts von diesem Medium gehört haben, so sollte es doch in jedem kleinen Künstlerbedarf zumindest für den Einstieg alles geben, was du zum Malen brauchst. In den Fachgeschäften online wird man dagegen mit der Auswahl fast überwältigt. Ich gebe dir hier einen kleinen Einblick in meine Materialien und Kaufempfehlungen für den Einstieg.

FARBEN

Gouachefarben unterscheiden sich durch ihre Deckkraft von Aquarellfarben. Sie sind im Grunde deckende Wasserfarben. Gouache trocknet sehr schnell und hat im getrockneten Zustand eine matte Oberfläche, die sich wie bei Aquarellfarben auch nachträglich noch mit Wasser anlösen lässt. Das ist nicht nur auf deinem Papier hilfreich, sondern auch für angetrocknete Farben auf deiner Palette, die du immer wieder mit Wasser aktivieren und weiterverwenden kannst. Wenn du bereits einen Aquarellkasten besitzt, könntest du dir lediglich weiße Gouache besorgen, sie als Basis verwenden und dir damit deine Gouachefarben selbst mischen. Bedenke aber, dass durch das Mischen mit Weiß all deine Farben ihre Intensität verlieren und eher pastellig werden.

Im Handel gibt es sehr viel Auswahl an unterschiedlichen Gouachefarben, auch was die Qualität betrifft. Zum Einstieg kann ich die Akademie Gouache von Schmincke sehr empfehlen, die benutze ich teilweise noch immer mit einer Mischung aus Horadam und Designer Gouache von Schmincke. Wenn du jahrelang Freude an deinen Bildern haben willst, würde ich dir empfehlen, darauf zu achten, dass die Farben sich durch eine hohe Leuchtkraft und Lichtechtheit auszeichnen. Das erkennst du an bestimmten Zeichen auf den Tuben.

Wenn du das Medium einfach mal ausprobieren willst, dann kaufe dir die Gouachefarben, die für dich am einfachsten zugänglich sind. Meiner Erfahrung nach reichen zunächst die Primärfarben, Umbra gebrannt und Weiß, alles andere kannst du dir selbst mischen. So lernst du direkt auch etwas über die Farbenlehre. Weiß wirst du am häufigsten brauchen, dazu würde ich dir noch Umbra gebrannt sowie Ultramarinblau, Magenta und Primärgelb als Primärfarben empfehlen. Ich benutze außerdem oft Indischgelb, Englischrot und Siena natur. Manchmal greife ich auch gern zu den bereits gemischten Farbtönen Neapelgelb und Olivgrün. Diese Farben sind aber für den Einstieg nicht dringend nötig, ich nutze sie eher aus Bequemlichkeit.

Rechts siehst du all meine Grundfarben, die ich in diesem Buch verwendet habe. Falls du dir beim Malen unsicher bist, welche Farbe gemeint ist und wie sie aussieht, kannst du jederzeit hier nachsehen. Die Mischfarben bei den Projekten können dir zusätzlich als Orientierung beim Farbenmischen dienen.

FARBPALETTE

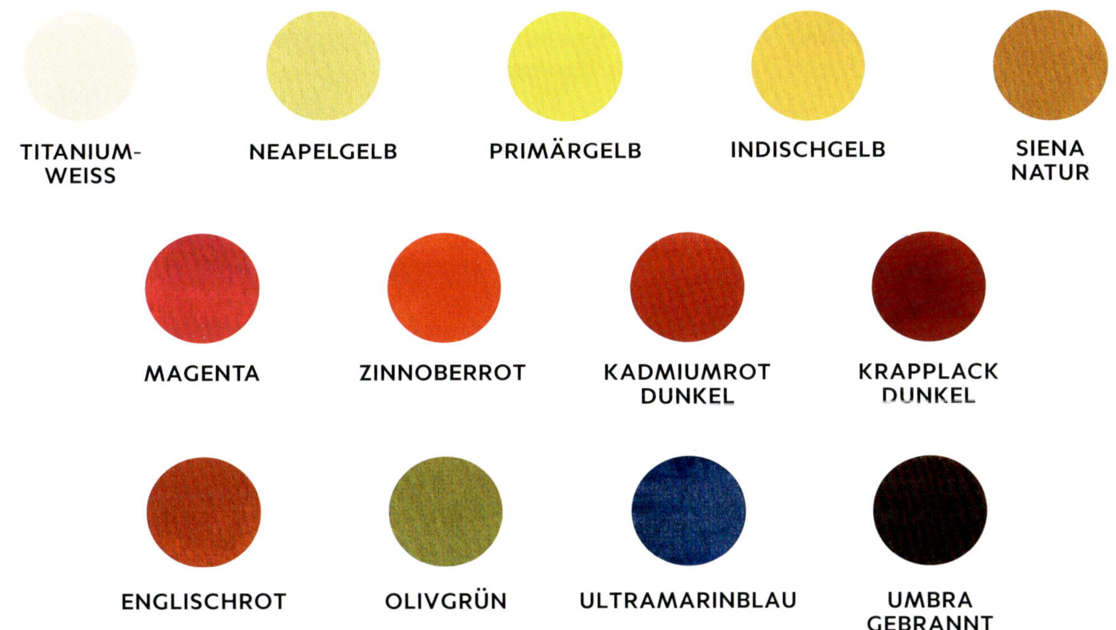

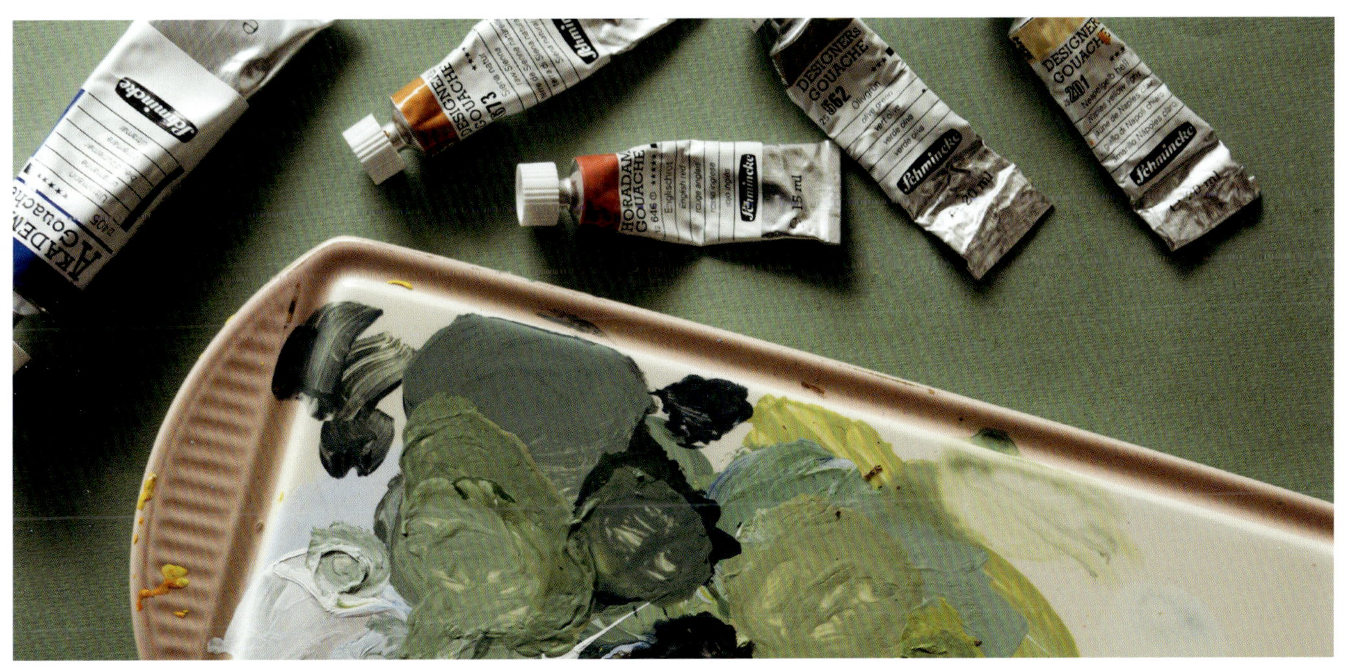

PINSEL

Wenn du von der Aquarellmalerei kommst, kannst du ohne Bedenken die gleichen Pinsel auch für Gouache benutzen. Ich verwende nur Pinsel aus synthetischen Haaren, die eignen sich sehr gut für Gouache. Was Pinsel angeht, bin ich nicht sehr wählerisch und würde auch sagen, dass dafür fast jeder Pinsel geeignet ist.

Für die Motive in diesem Buch empfehle ich dir einen etwas größeren, flachen Pinsel in der Größe 8 bis 10. Damit kann man effektiv größere Flächen bedecken. Für kleinere Flächen und mehr Kontrolle würde ich noch einen flachen Pinsel in der Größe 3 bis 5 empfehlen. Für die ganz kleinen Details nehme ich immer runde Pinsel, in den Größen 1 bis 4.

Zum Einstieg würde ich dir raten, dir ein Pinselset zu kaufen. Diese haben meistens eine Auswahl an verschiedenen Pinseln. So merkst du auch direkt, welche für dich am besten geeignet sind. Für die schmalste Linie muss nicht immer der schmalste Pinsel genommen werden, da steckt auch viel Übung dahinter und die richtige Pinselhaltung. Wenn du deinen Pinsel senkrecht zum Bild hältst und mit einer stetigen Hand wenig Farbe übers Papier ziehst, lässt sich sehr gut auch mit einem eher gröberen Pinsel eine recht dünne Linie ziehen.

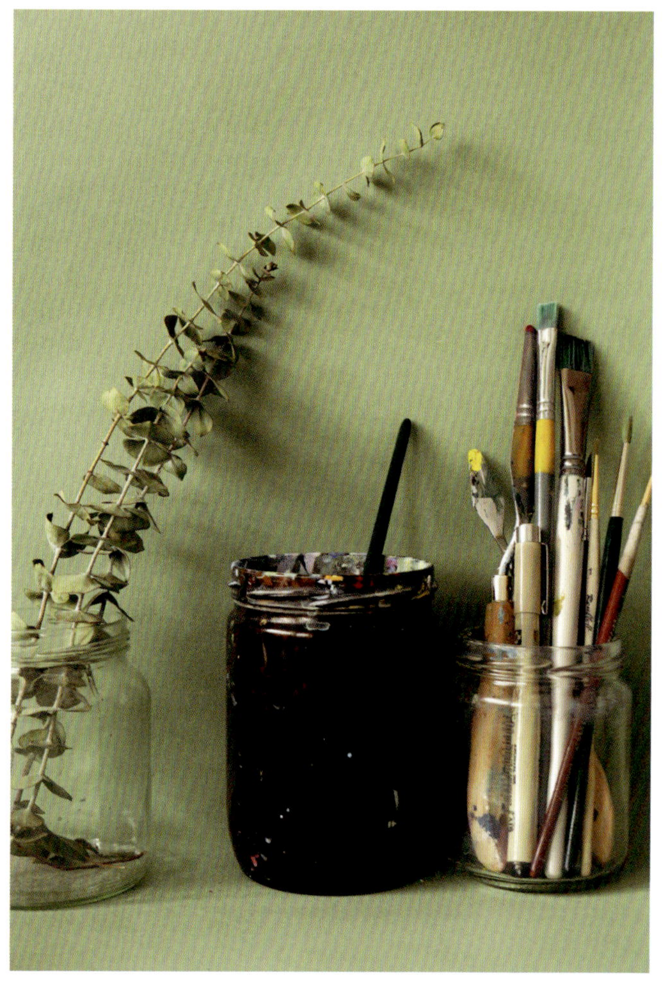

PAPIER

Es gibt nicht das eine Papier, das für jede Person und jeden Stil passend ist. Ich mag mein Papier zum Beispiel eher strukturiert. Da ich aber in mehreren Schichten male, brauche ich auch eine bestimmte Papierdicke, die das aushält. Grundsätzlich ist für Gouache jedes Papier geeignet, das sich auch für Aquarell nutzen lässt.

Ich benutze für Gouache immer große Bogen Echt-Bütten-Aquarellkarton, die ich mir dann mit einem Aluminiumlineal in der Größe zurechtreiße, in der ich es brauche. Die meisten meiner Bilder sind auf 15 × 20 cm großes Papier gemalt. Das Format deines Papiers kannst du natürlich je nach Bedarf anpassen; gut geeignet für die Motive in diesem Buch sind auch DIN A5 oder DIN A6.

Ich habe wirklich sehr viele unterschiedliche Arten von Papieren ausprobiert und mich dann für das 300 g/m² Saunders Waterford Papier entschieden. Dieses ist zu 100 % aus Baumwolle und gibt es in den unterschiedlichsten Oberflächenbeschaffenheiten: satiniert, fein und grob, je nachdem, wie es gepresst wurde. Das Papier finde ich persönlich wunderschön, da es einen Büttenrand hat und ein eingestanztes Wasserzeichen. Qualitativ gesehen zählt es zu den besten Aquarellpapieren, die es gibt. Zurzeit probiere ich gerade die satinierte Variante aus. Sie ist sehr glatt und hat kaum Struktur, was für mich sehr ungewohnt, zum Malen aber dennoch sehr gut geeignet ist. Schwieriger wird es bei grobkörnigem Papier. Das würde ich eher empfehlen, wenn man schon etwas geübter ist mit Gouache oder Aquarell.

Für Einsteiger eignet sich vermutlich Aquarell- oder Mixed-Media-Papier am besten, mit einer Papierstärke von 300 g/m², das säurefrei, licht- und alterungsbeständig ist und möglichst einen Baumwollanteil hat. Von Canson gibt es Spiralblöcke mit 15 bis 20 Blättern in DIN A5 oder DIN A4; diese sind vor allem für den Anfang qualitativ ausreichend und sehr kostengünstig.

Ich habe zusätzlich zu meinem Papier immer noch ein Skizzenheft neben mir liegen, auf dem ich die Farben ausprobieren kann. Das muss dann auch nicht unbedingt für Aquarell oder Gouache geeignet sein.

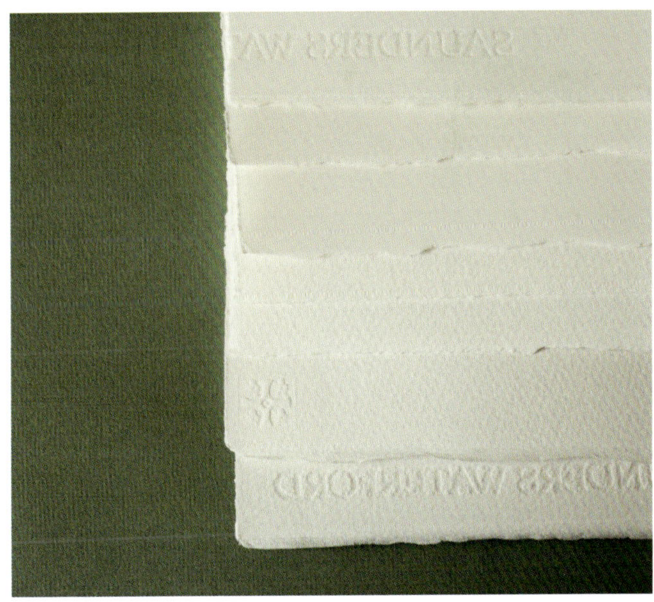

SONSTIGE HILFSMITTEL

PALETTE

Als Palette nehme ich sehr gern alte Porzellanteller, längliche Serviceteller oder helle Fliesen. Diese lassen sich gut reinigen und können daher immer wieder verwendet werden. Grobe Farbreste lassen sich mit einem Herdschaber oder Spachtel abschaben und den Rest kann man mit Wasser abspülen. Gut geeignet ist auch das Glas in einem Bilderrahmen. Auf diesen Oberflächen kannst du deine Farben idealerweise auch immer wieder anlösen und wiederverwenden. Zur Not tut es aber auch mal ein Stück Karton.

KLEBEBAND

Ich klebe meine Bilder am Rand immer mit Klebeband ab, um damit einen Rahmen zu erzeugen. So kannst du je nach Motiv und Laune deine Rahmengröße anpassen. Gleichzeitig hält es dein Papier auch flach, wenn du es zusätzlich am Tisch oder deiner Unterlage festklebst. Das Klebeband sollte erst nach dem vollständigen Trocknen abgezogen werden, so verhinderst du das Wellen des Papiers. Es gibt unterschiedliche Arten von Klebeband, die hierfür geeignet sind. Ich kann Magic Scotch Tape empfehlen, Washi Tape, Masking Tape oder Painters Tape.

MALLAPPEN

Hierfür verwende ich immer alte Handtücher. Ich habe sie beim Malen neben mir liegen, um währenddessen die Pinsel abstreifen zu können.

PALETTENMESSER

Dieses Künstlerwerkzeug ist für manche Techniken sehr hilfreich, um effektiv eine größere Fläche mit Farbe zu bedecken, und erzeugt gleichzeitig eine großartige Struktur. Du kannst es auch wunderbar zum Farbenanmischen verwenden.

HERDSCHABER

Damit schabe ich die bereits getrocknete Farbe von meiner Palette ab, man kann aber ebenso gut ein Palettenmesser verwenden.

ALUMINIUMLINEAL

Dieses Messutensil eignet sich perfekt, um mir meine Bilder in dem Format zurechtzureißen, in dem ich es benötige. Ich mag es, wenn das Papier eher gerissen aussieht. Du kannst aber natürlich auch eine Schneidemaschine benutzen, dann hast du einen geraden, sauberen Rand.

GLAS / BECHER

Verwende am besten zwei Vorratsgläser. In dem einen Glas wäschst du deine Pinsel aus und aus dem anderen Glas nimmst du dir frisches Wasser auf.

BLEISTIFT, FINELINER UND FÜLLHALTER

Ebenfalls bereithalten sollte man einen Bleistift für Vorzeichnungen und einen Fineliner oder Füllhalter zum Unterschreiben der Bilder.

Den Schritt des Unterschreibens sollte man auf keinen Fall auslassen: Jeder soll doch wissen, dass DU das Bild gemalt hast! Meine Kunstschüler verdrehen hier jetzt die Augen, aber das ist etwas, was man sich wirklich angewöhnen muss. DU hast dir für dich Zeit genommen und dieses Kunstwerk erstellt, wieso sollte nicht dein Name darunter stehen? Sei stolz auf das, was du kreiert hast! Wenn du nicht zufrieden bist, dann sei stolz, dass du überhaupt für dich gemalt hast. Dann weißt du auch, dass du dich verbessern kannst und da noch Platz zum Wachsen ist. Als ich vor ein paar Jahren noch in meinem Kinderzimmer Bilder gemalt habe, hat mir mein Opa genau das gesagt: Schreib deinen Namen da drunter, damit Menschen wissen, wer du bist! Vielleicht habe ich da kurz geschmunzelt und selbst meine Augen verdreht, aber jetzt weiß ich, was er meint, und ich schreibe stolz meinen Namen unter jedes Bild.

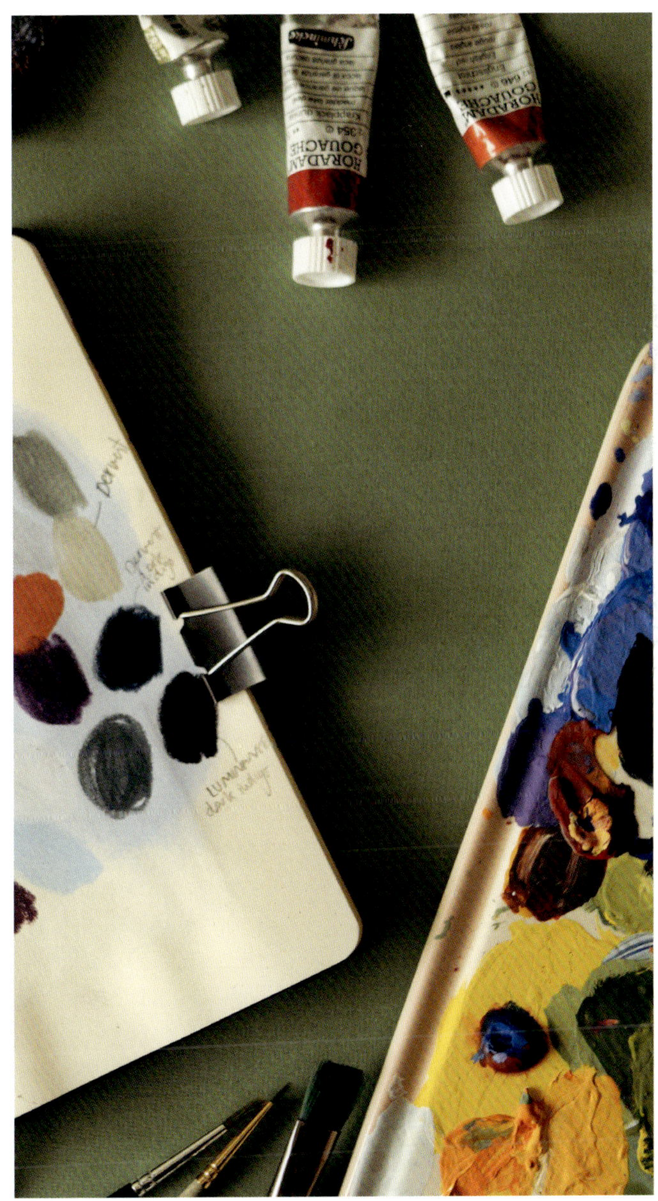

TECHNIK

Gouache vereint viele Eigenschaften anderer beliebter Medien. Du kannst es verwenden wie Aquarell, indem du Nass-in-Nass arbeitest und die Farben immer wieder mit Wasser anlöst. Die Deckkraft ist ähnlich zu Acryl, wobei Acryl glänzend trocknet und nicht wieder angelöst werden kann. Du kannst Stellen immer wieder überarbeiten und in mehreren Schichten arbeiten, wie bei Ölfarben. All die Eigenschaften, die ich an anderen Medien mag, vereint Gouache. Die Techniken und Möglichkeiten sind endlos! Ich zeige dir hier ein paar Techniken, die ich selbst verwende und die dir später helfen werden, die Werke in diesem Buch besser zu verstehen.

FARBENLEHRE

Die Farbenlehre ist bei allen Maltechniken und Malmedien entscheidend. Ich lege jedem, der sich mit der Malerei beschäftigt, nahe, den Farbkreis zu studieren. So banal das zunächst klingen mag, die Farbenlehre ist das Grundprinzip, das du zum Malen brauchst. Wenn du es verstanden hast, kannst du dich auf den Malprozess an sich konzentrieren. Daher empfehle ich, zunächst mit den Primärfarben Gelb, Rot und Blau anzufangen. Mit diesen Farben kannst du die Komplementärfarben Orange, Grün und Violet mischen. Als Hilfestellung kann dir, wie oben zu sehen, ein Farbkreis dienen, den du dir aufmalst. Die Primärfarben liegen immer gegenüber ihrer Komplementärfarbe, welche sich aus den jeweils anderen beiden Primärfarben ergibt.

Gelb ist die Komplementärfarbe zu Lila (Blau + Rot), Rot ist die Komplementärfarbe zu Grün (Gelb + Blau), Blau ist die Komplementärfarbe zu Orange (Rot + Gelb).

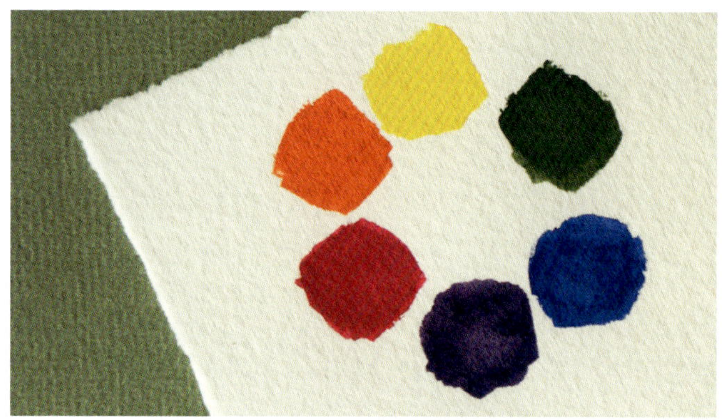

FARBEN MISCHEN

Bevor du mit dem Malen beginnst, musst du erst mal deine Farben kennenlernen. Nimm dir hierfür ein Skizzenheft und einen großen Pinsel und erstelle Farbkästchen mit all deinen Farbtönen. Am besten schreibst du immer direkt dazu, um welche Farbe es sich handelt. Wenn du alle einmal für sich getestet hast, kannst du beginnen, die Farben miteinander zu mischen. Beginne dabei mit den Primärfarben und mische dir die Komplementärfarben. Danach kannst du auch deine Komplementärfarben miteinander mischen. Diese ergeben schöne Grautöne. Ich selbst benutze zum Beispiel gar kein Schwarz in meinen Bildern, sondern mische mir immer mit Ultramarinblau und Umbra gebrannt einen sehr dunkelgrauen Farbton. Wenn du nur wenige Grundfarben nutzt und alle weiteren Farben selbst mischst, wirkt dein Bild sofort viel harmonischer und zur gleichen Zeit wirst du bemerken, dass du dir fast alle Farben selbst mischen kannst. Mit Ultramarinblau und Englischrot erhältst du ein tolles paynesgreyähnliches Grau. Versuche beim Mischen, immer zu variieren und eine unterschiedliche Menge der gewählten Farben zu nehmen, um zu sehen, welche Variationen es gibt.

Mit Weiß kannst du deine Farben aufhellen, dadurch verlieren sie aber auch an Farbintensität. Daher ist es nicht zwingend ratsam, Weiß zu verwenden, um einen helleren Ton zu mischen. Stattdessen ist auch ein Gelb oder Neapelgelb gut zum Aufhellen deiner Farben geeignet.

Um Farben abzudunkeln, verwende ich meistens eine Mischung aus Ultramarinblau und Umbra gebrannt oder die jeweilige Komplementärfarbe. Ich benutze sehr gern ein Olivgrün aus der Tube, aber selbst dann mische ich es mit anderen Farbtönen. Anstelle des fertig gemischten Olivgrüns kannst du dir die Farbe aber auch ganz einfach selbst mit Primärgelb, Ultramarinblau, Weiß und ein wenig Englischrot herstellen. Bei anderen Grüntönen mische ich immer ein wenig der Komplementärfarbe Rot dazu, am liebsten Magenta oder Englischrot. Dadurch wird der Grünton weniger quietschig, sondern neutraler und harmonischer. Auch Indischgelb kannst du dir ganz einfach mit Primärgelb und Magenta mischen. Wie du siehst, lässt sich mit den Primärfarben so gut wie alles selbst mischen.

Mische dir die Farben immer auf deiner Palette an, bevor du sie auf dein Bild aufträgst. Die gemischte Farbe kannst du dann in deinem Skizzenheft ausprobieren, um zu sehen, ob es auch wirklich der Farbton ist, den du erreichen wolltest.

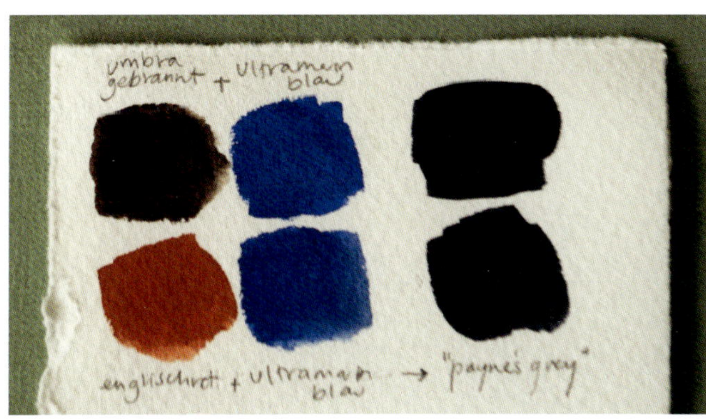

MALTECHNIKEN

BILDAUFBAU

Bevor du beginnst, kannst du dir dein Bild grob einteilen, damit du während des Malprozesses immer im Blick hast, was dein Vordergrund, dein Mittelgrund und dein Hintergrund ist. Dafür reicht auch eine grobe Skizze, die du beim Malen neben dich legst. Denke immer von groß zu klein: Du malst dein Bild von hinten nach vorn, beginnst also mit dem Hintergrund und arbeitest dich Schritt für Schritt über den Mittelgrund in den Vordergrund.

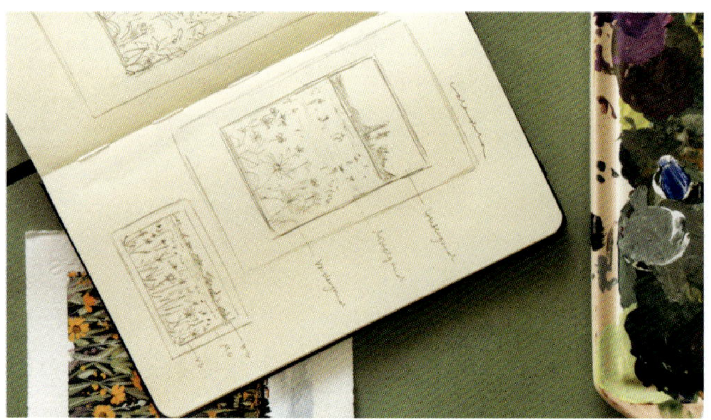

Ich setze meinen Fokus meist erst auf Formen und Farbflächen, ohne daran zu denken, was mein eigentlicher Gegenstand ist. Wenn ich eine Nahaufnahme von Blumen male, fange ich immer mit den dunklen Farben an, baue mein Bild langsam auf und werde dabei immer heller. Genauso ist es mit Details, die kommen ganz zum Schluss und geben deinem Bild noch mal den letzten Schliff. Mit Highlights kannst du dein Bild am Ende noch mal besonders strahlen lassen.

Die einzelnen Blütenblätter male ich immer mit einem einzelnen Pinselstrich, dafür ist es entscheidend, welche Pinsel man verwendet. Als kleine Übung kannst du deine feineren Pinsel ausprobieren und damit in einem Strich Blütenblätter malen. Die Kamille eignet sich sehr gut als Versuchsobjekt. Male einen Punkt für das Blüteninnere mit Primärgelb und Magenta und nimm dann Weiß mit einem kleinen Pinsel auf. Versuche, von der Blütenmitte ausgehend, mit der Pinselspitze ganz leicht anzusetzen, dann ein wenig nach außen zu streichen und den Pinsel am Ende mit ein wenig mehr Druck abzusetzen, sodass ein abgerundetes Blatt entsteht. Das braucht am Anfang vielleicht ein wenig Übung. Diese Methode kannst du bei sehr vielen Blüten anwenden, auch wenn die Blütenform, Blütengröße und Farben sich ändern, das Prinzip bleibt ähnlich.

TIPP

Ich habe zu dem Weiß etwas Primärgelb gemischt, damit die Blütenblätter auf dem weißen Papier auch sichtbar sind. Für die späteren Bilder wird das nicht nötig sein, da du dann in der Regel auf einen dunkleren Hintergrund malst.

NASS IN NASS / NASS AUF TROCKEN

Mit Gouache kann man, genau wie mit Aquarell, Nass in Nass malen. Das heißt, dass du dein Blatt zuerst mit Wasser befeuchtest und dann deine nasse Farbe auf den nassen Untergrund auftupfst. Dadurch verschwimmen die Farben ineinander und es entstehen tolle, willkürliche Effekte.

Ich nutze für meine Arbeiten aber in der Regel nur die Nass-auf-Trocken-Technik. Dabei male ich mit einer eher nassen Farbe auf mein trockenes Papier und vermische die Farben miteinander, während ich sie auftrage. Das ist vor allem bei Hintergründen eine schöne und effektive Methode, um viel Tiefe zu erzeugen und gleichzeitig schnell arbeiten zu können. Die Methode ist weniger willkürlich, du kannst die Farben genau dort platzieren, wo du sie auch haben willst.

Bei den Hintergründen verwende ich meist viel mehr Wasser als bei meiner sonstigen Maltechnik. Daher lasse ich den Hintergrund oft vollständig trocknen, bevor ich weitermale. Diese Technik kann man über das ganze Bild hinweg benutzen, sie ist bei Gouache sehr beliebt und wird häufig angewandt. Sie eignet sich vor allem für Studien, die man direkt vor Ort malt. Ich freunde mich langsam mit ihr an, da ich doch lieber die volle Kontrolle über Farbe und Deckkraft habe, und arbeite in mehreren deckenden Schichten, so wie ich es aus der Ölmalerei gewöhnt bin.

Bei Gouache musst du dich darauf einstellen, dass es immer einen Zeitpunkt geben wird, zu dem dein Bild eher „unschön" wirkt. Dieses Stadium muss man ignorieren und einfach weitermalen. Also keine Sorge, wenn es dir bei deinen Bildern so geht, das ist völlig normal! Wichtig ist, dass du nicht zu viel Farbe auf einmal aufträgst, da sie so bröckeln könnte. Besser ist es, in mehreren dünnen Schichten zu arbeiten.

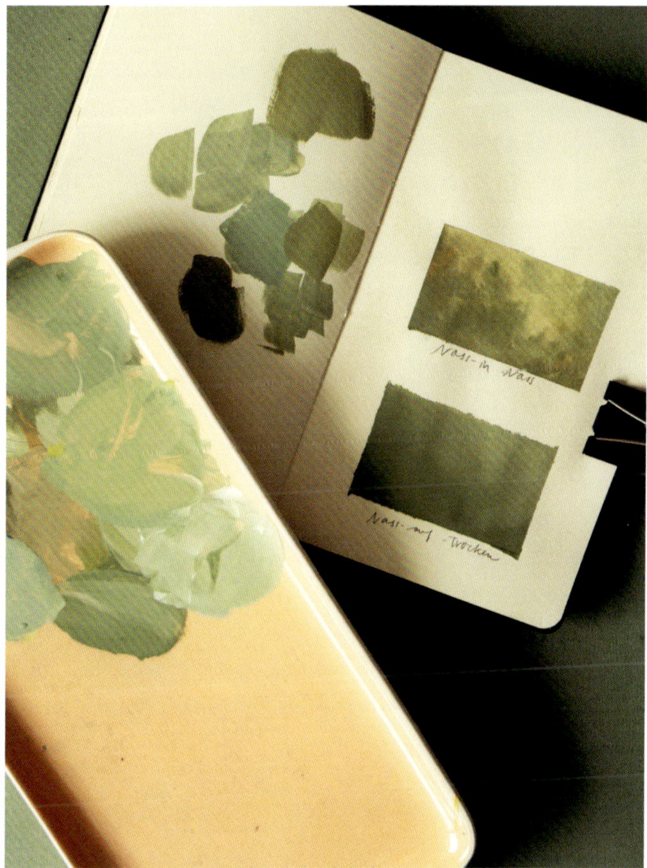

TROCKEN TUPFEN

Wenn du die Farbe ohne Wasser und mit einem sehr trockenen Pinsel tupfst, erhältst du sehr viel Struktur. Das ist hilfreich, wenn du etwas andeuten willst, das man von Weitem sieht. Wie zum Beispiel Blumen, die sich so weit in der Ferne befinden, dass alles zu einer Masse verschwimmt. Wenn du, nachdem du eine Fläche gemalt hast, kaum noch Farbe am Pinsel hast und er sehr trocken ist, hast du automatisch die besten Voraussetzungen, um diesen Effekt zu erzeugen. Nimm dir dann keine neue Farbe, sondern versuche, mit dem, was noch am Pinsel ist, vorsichtig zu tupfen.

LASIEREN

Das Lasieren bezeichnet das Malen mit wenig Pigment und sehr viel Wasser. Diese Technik verwende ich gern, wenn ich mit meinem Bild zufrieden bin, mir aber ein gewisser Farbstich fehlt. Wenn ich zum Beispiel möchte, dass meine Wiese einen leuchtenden Gelbstich bekommt, mische ich mir sehr wenig Gelb mit sehr viel Wasser an und gehe mit einem großen Pinsel über die gesamte Fläche. Diese Technik lässt sich auch gut anwenden, wenn du willst, dass etwas einen Schein hat, wie zum Beispiel bei der Sonne, dem Mond, Sternen oder Glühwürmchen. Wenn ich also einen Mond malen will, male ich den Mond wie üblich sehr deckend und mische mir dann die gleiche Farbe mit mehr Wasser an, um damit anschließend mit einem kleinen Pinsel um den Mond herum zu fahren. Dadurch, dass du viel Wasser verwendest, bleibt nur ein wenig Pigment haften und ergibt eine schöne lasierende, scheinartige Fläche.

VERBLENDEN

Gouachefarben lassen sich auch sehr gut verblenden. Dabei musst du aber relativ schnell sein, damit dir die Farben nicht antrocknen. Einfacher ist es, wenn du die Farben zunächst in einer ersten Schicht als Blöcke auf deinem Bild anlegst, um dann mit einer weiteren Schicht die gleichen Farben miteinander zu verblenden. Dabei streichst du mit deinem Pinsel immer auf der Stelle, an der sich die Farben treffen, hin und her, bis du einen schönen Übergang hast. Du kannst die Farben auch immer wieder mit Wasser anlösen, wodurch die Farben aber transparenter werden und die Wahrscheinlichkeit steigt, dass dein Papier durchscheint. Versuche daher, im Vorhinein genügend Farbe aufzutragen, damit du etwas hast, mit dem du arbeiten kannst. Nimm dir als Übung zwei Farben und teste es einfach mal aus, damit du ein Gefühl dafür bekommst. Die Technik lässt sich z. B. gut für einen Himmel anwenden oder auch für Wiesen, so kannst du durch die unterschiedlichen Farbtöne mehr Tiefe ins Bild bringen.

MIXED MEDIA

Gouache lässt sich sehr gut mit allen Arten von Medien kombinieren. Mit Buntstiften, Ölkreiden oder Pastellen kannst du problemlos über dein bereits getrocknetes Gouachebild zeichnen und so mehr Struktur schaffen. Bei Wiesen kannst du beispielsweise mehr Struktur erzeugen, indem du mit einem hellen Buntstift hineinschraffierst oder mit einem gespitzten Buntstift dünne Linien für Gräser, Strommasten oder Ähnliches zeichnest. Ich würde dir raten, das zunächst mal in deinem Skizzenheft auszuprobieren. Durch das Experimentieren findest du neue Wege und Kombinationen, die du dann für deine tatsächlichen Werke anwenden kannst.

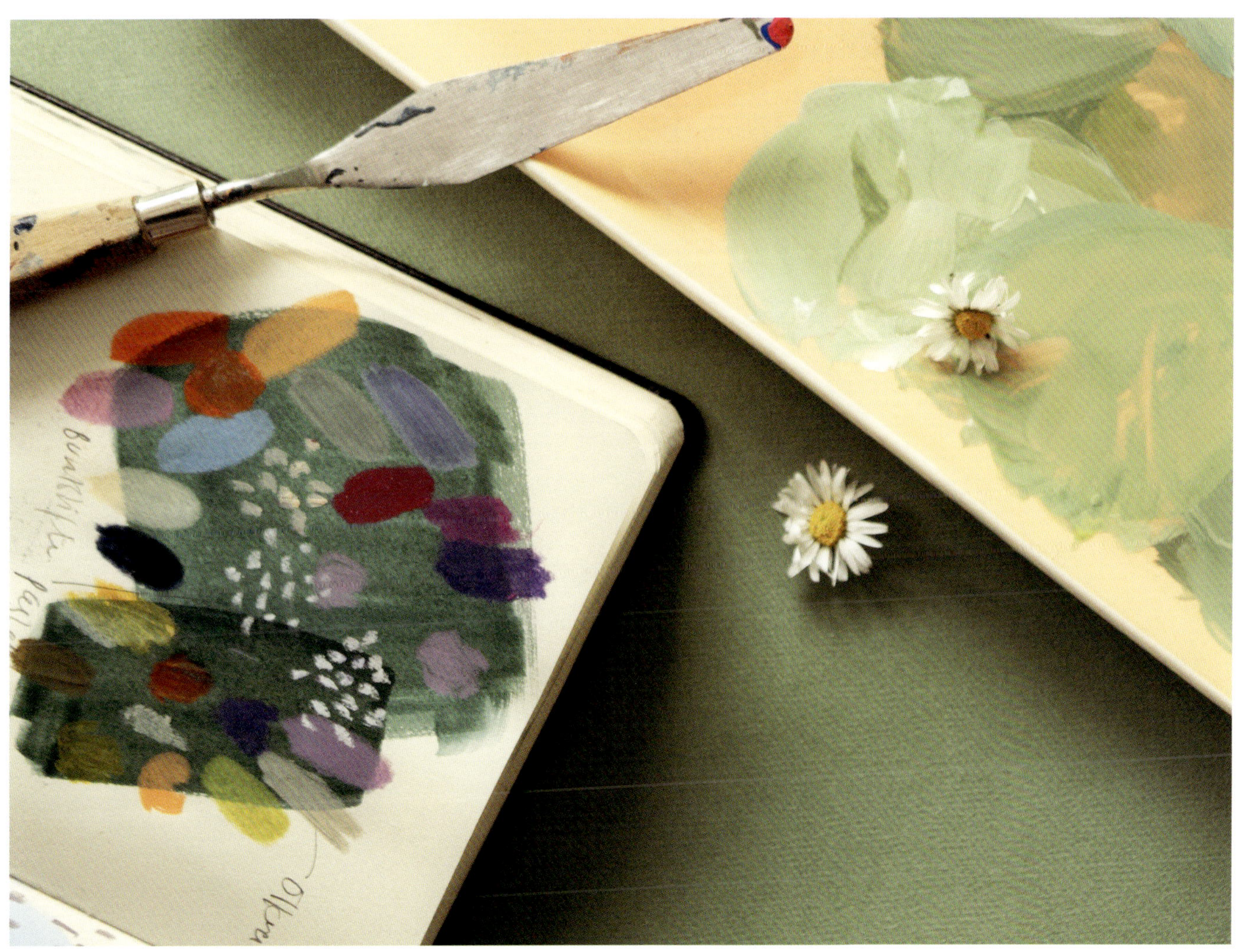

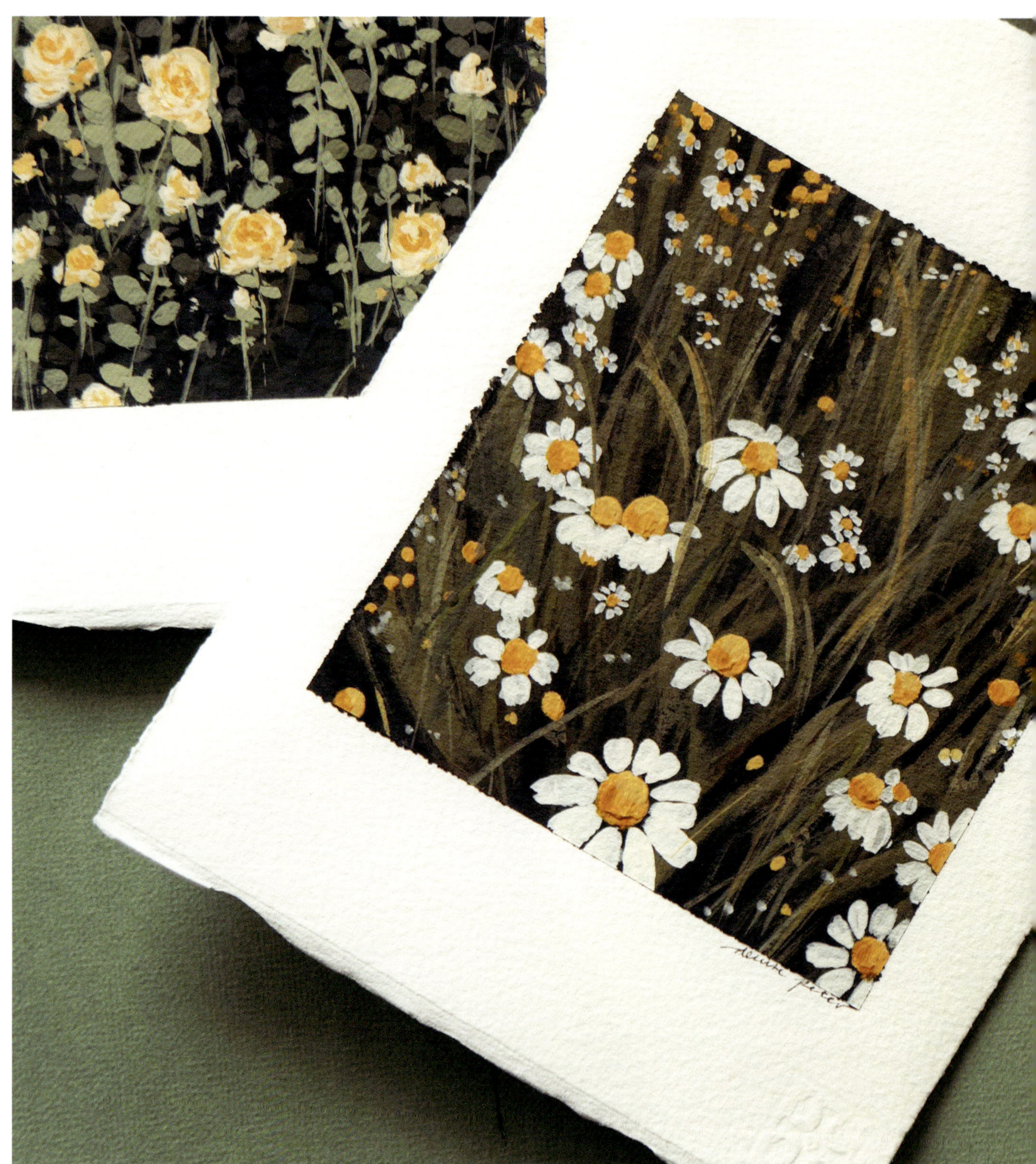

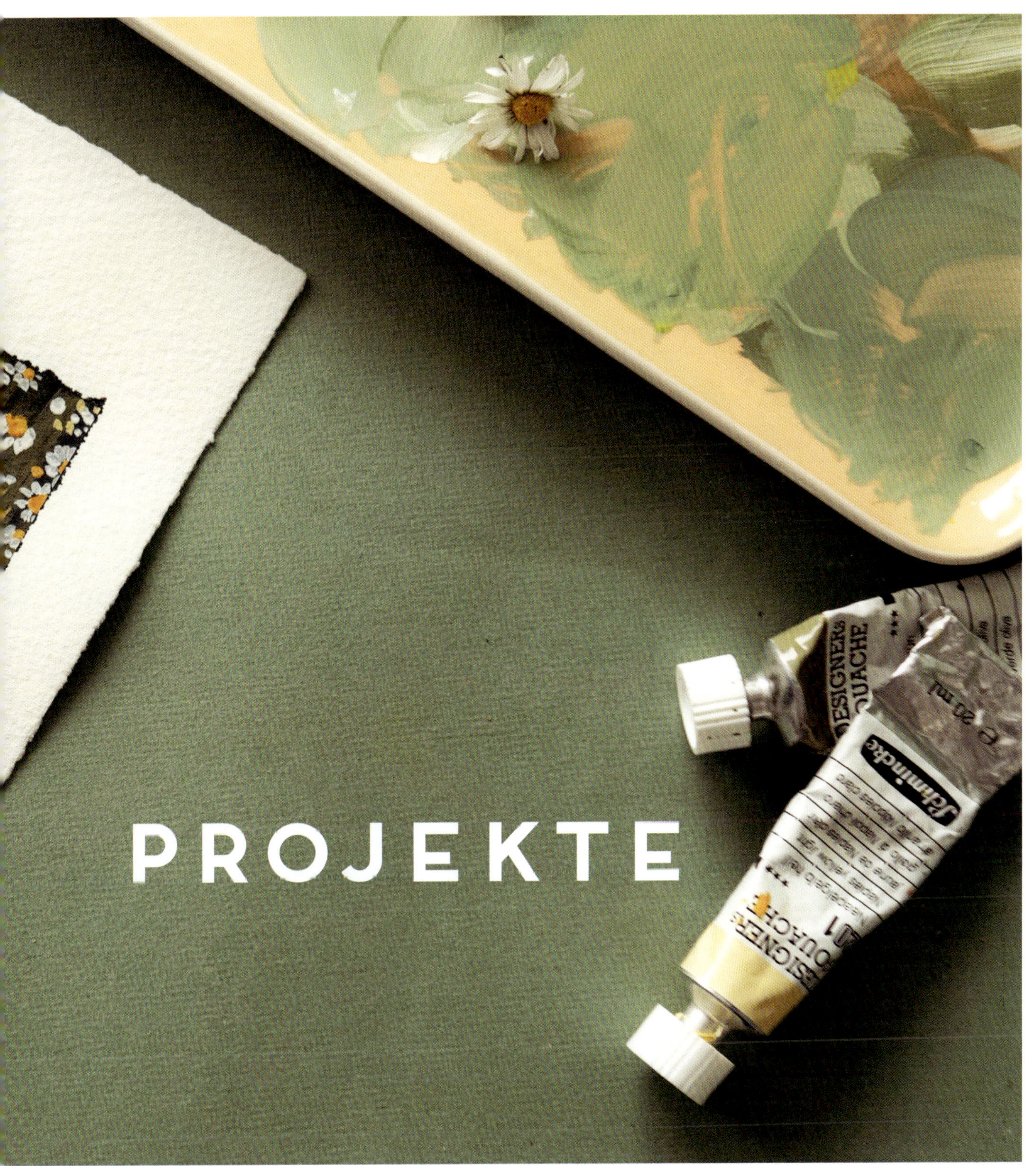

PROJEKTE

KORNBLUMEN

Das Referenzbild für dieses Projekt ist in meiner Heimat entstanden. Dort gibt es um die Ecke ein Feld, wo im Spätsommer wunderschöne blau leuchtende Kornblumen blühen. Ein paar Wochen später war ich mit meiner Oma an genau diesem Feld, die meisten Blumen waren verwittert, aber das Blau der Kornblumen hat sogar von Weitem noch geleuchtet.

MISCHFARBEN

MATERIAL

breiter, flacher Pinsel
(Größe 8 – 10)

schmaler, runder Pinsel
(Größe 2 oder 3)

FARBEN

Ultramarinblau

Umbra gebrannt

Primärgelb

Siena natur

Weiß

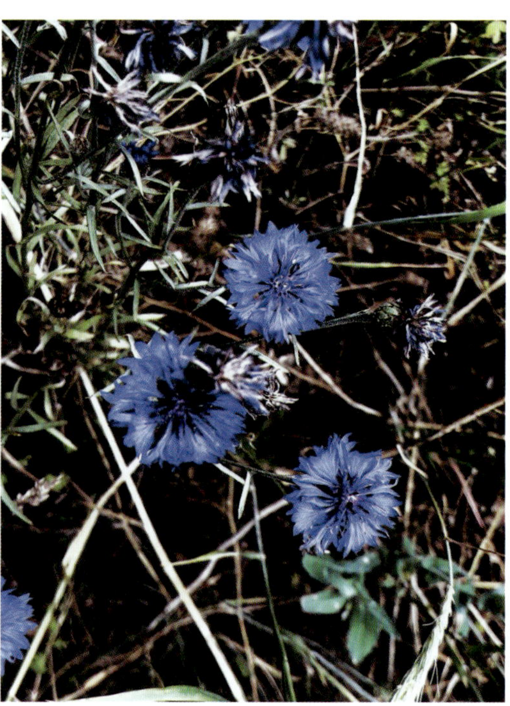

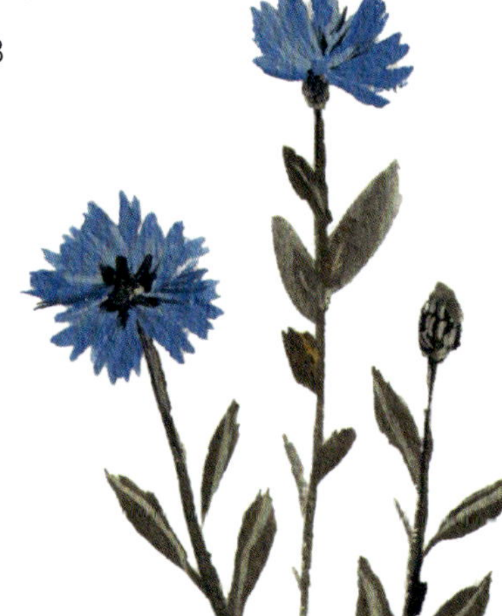

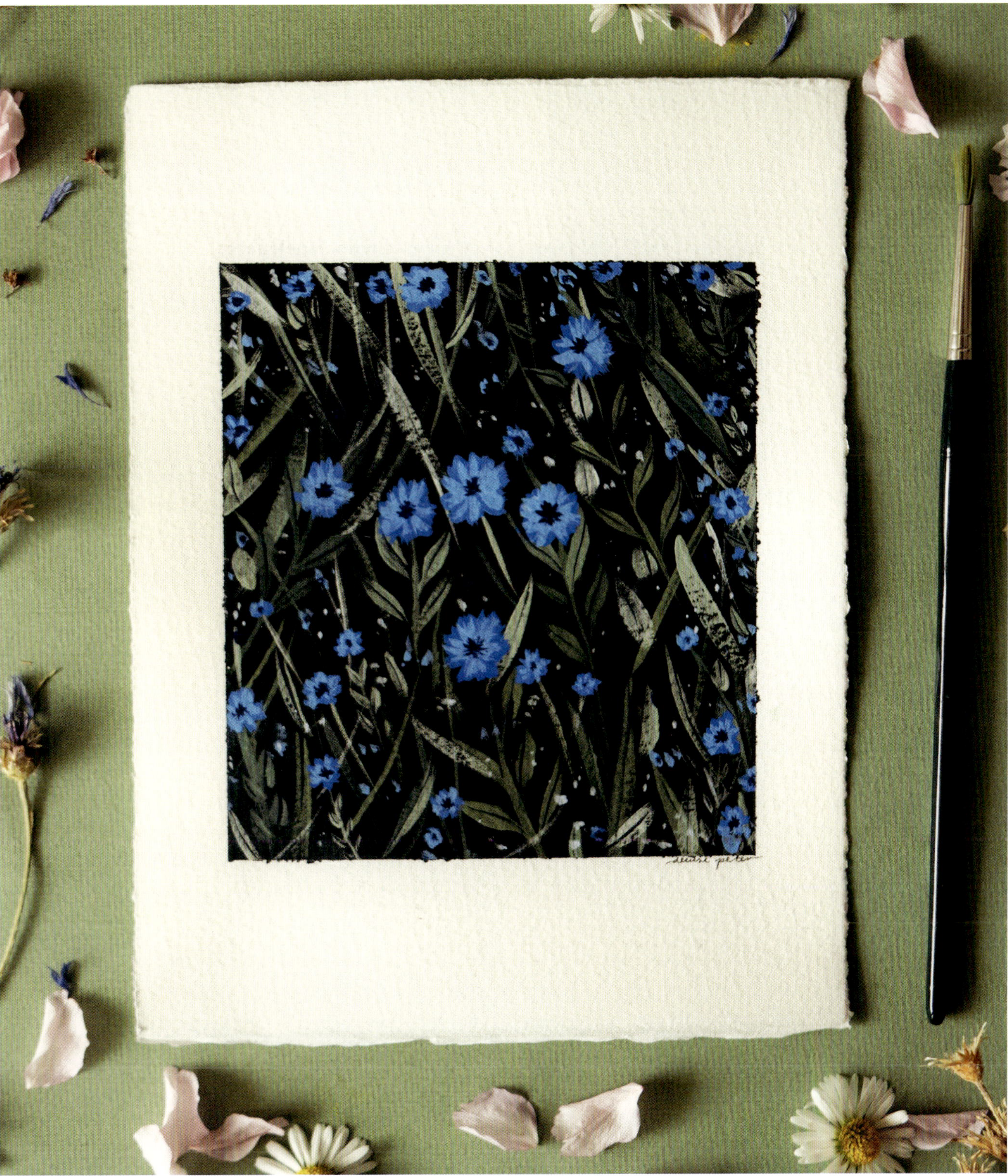

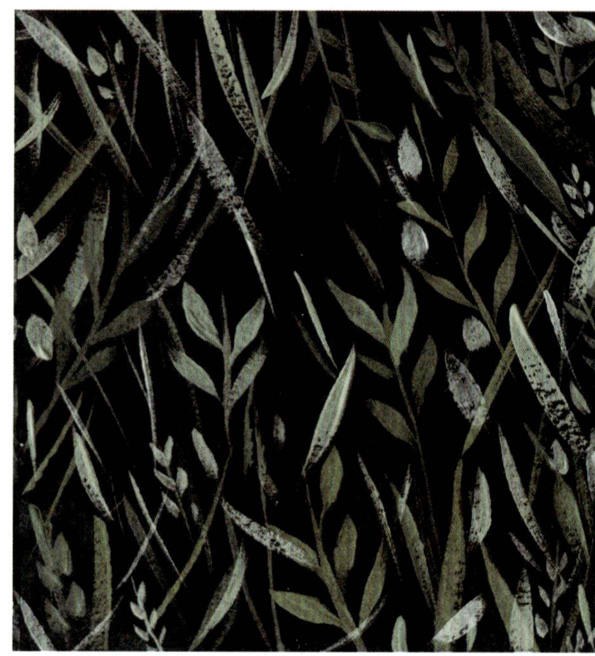

1. Nimm dir den großen Pinsel und mische mit Ultramarinblau, Umbra gebrannt und ein wenig Siena natur ein sehr dunkles Grün, fast Schwarz. Mit dieser Farbe beginnst du, mit kurzen Pinselstrichen dein ganzes Blatt zu bedecken. Zwischendurch kannst du auch ein bisschen Siena natur in den noch nassen Hintergrund einarbeiten, so erhältst du unterschiedliche Farbtöne und es sieht ein bisschen lebendiger aus.

2. Im nächsten Schritt mischst du dir ein helleres Grün mit Ultramarinblau, Primärgelb, Siena natur und ein bisschen Weiß. Damit werden jetzt mit dem kleineren Pinsel die Gräser und Blätter gemalt. Achte darauf, die Gräser wild von allen Seiten zu malen, mal schräg, mal gerade und auch unterschiedlich lang, sodass es natürlich aussieht. Wenn du alle Gräser in einer Reihe malst, wirkt es schnell unnatürlich. Variiere mit den Grüntönen und male ein paar der Gräser in einem helleren oder dunkleren Grün.

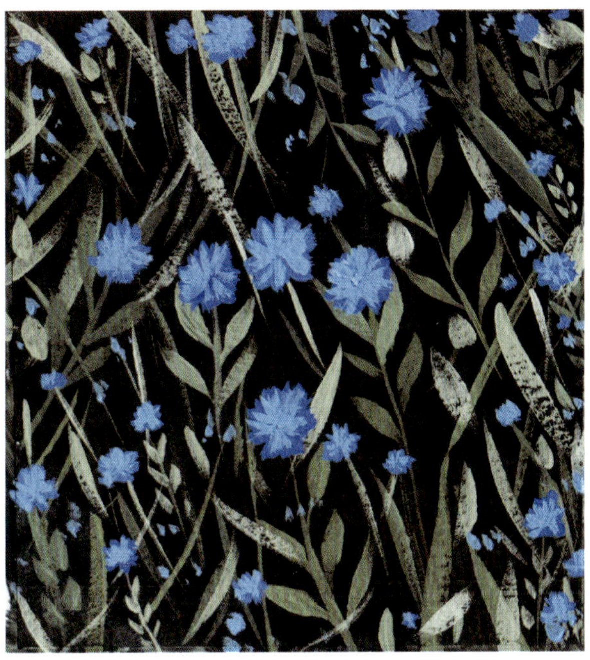

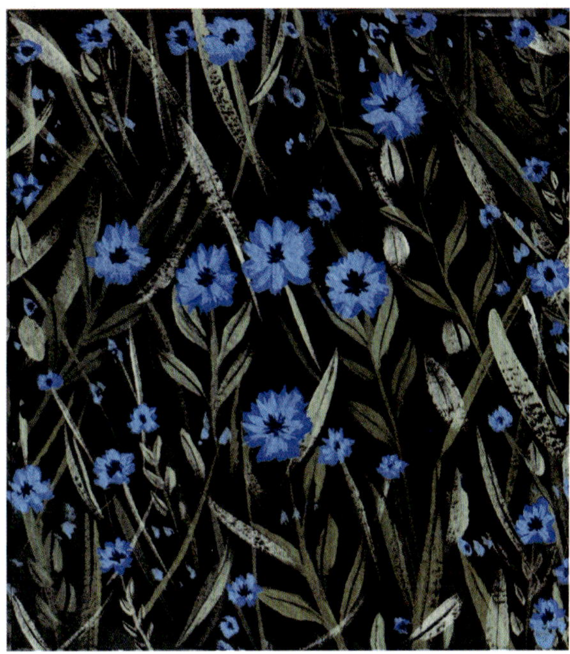

3. Nun kommen auch schon die Blüten. Mische dir ein Kornblumenblau mit Ultramarin und ein wenig Weiß und lege die Blüten strichförmig zur Mitte an. Je kleiner der Grashalm, desto kleiner sollte auch die Blüte sein. Füge zu deiner Farbe noch ein bisschen mehr Weiß hinzu und gehe damit mit kürzeren Strichen noch mal über alle deine Blüten, so bekommst du mehr Tiefe.

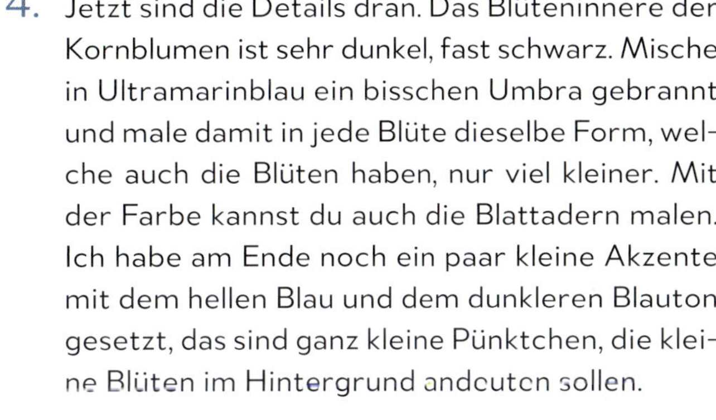

4. Jetzt sind die Details dran. Das Blüteninnere der Kornblumen ist sehr dunkel, fast schwarz. Mische in Ultramarinblau ein bisschen Umbra gebrannt und male damit in jede Blüte dieselbe Form, welche auch die Blüten haben, nur viel kleiner. Mit der Farbe kannst du auch die Blattadern malen. Ich habe am Ende noch ein paar kleine Akzente mit dem hellen Blau und dem dunkleren Blauton gesetzt, das sind ganz kleine Pünktchen, die kleine Blüten im Hintergrund andeuten sollen.

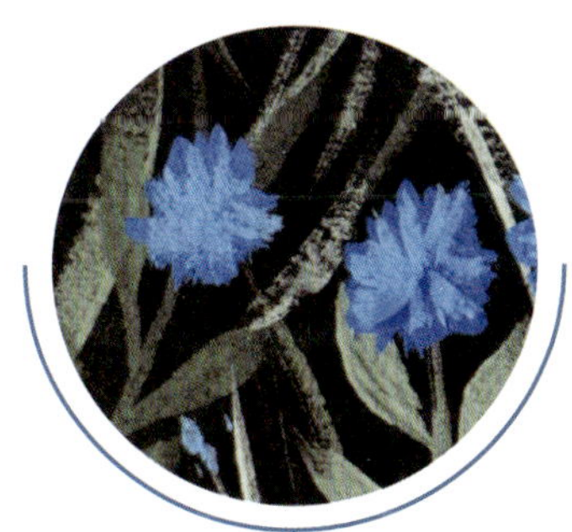

CALENDULA

Vor ein paar Jahren habe ich an einem tristen Nachmittag im November bei einem Ausflug mit meiner Mama dieses orangefarbene Calendulafeld entdeckt. Die glückliche Farbe der Blüten lässt einen schnell den grauen Himmel vergessen. Seitdem finde ich mich sehr oft wieder, wie ich an grauen Tagen orange leuchtende Calendula male.

MISCHFARBEN

  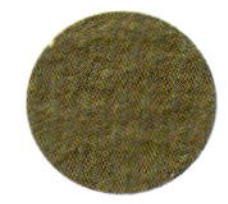  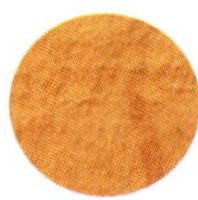 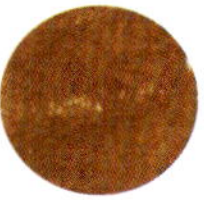 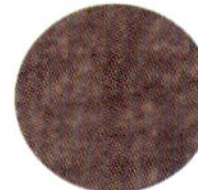 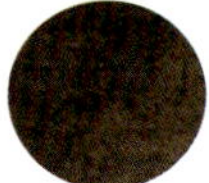

MATERIAL

schmaler, runder Pinsel (Größe 2 oder 3)

kleiner Spachtel / Palettenmesser

FARBEN

Ultramarinblau

Umbra gebrannt

Primärgelb

Olivgrün

Indischgelb

Magenta

Siena natur

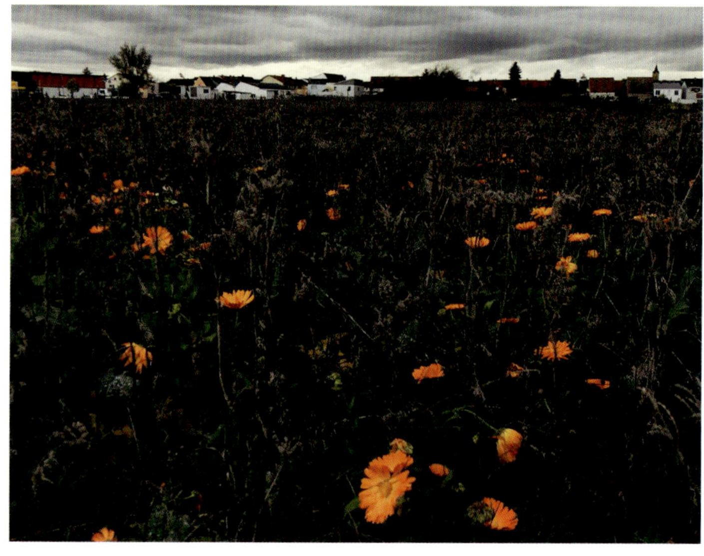

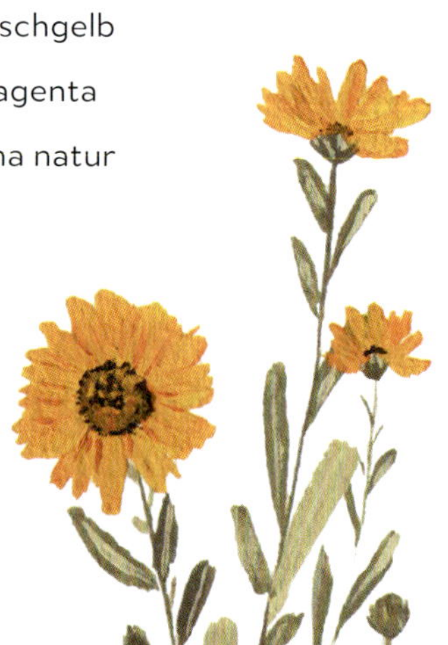

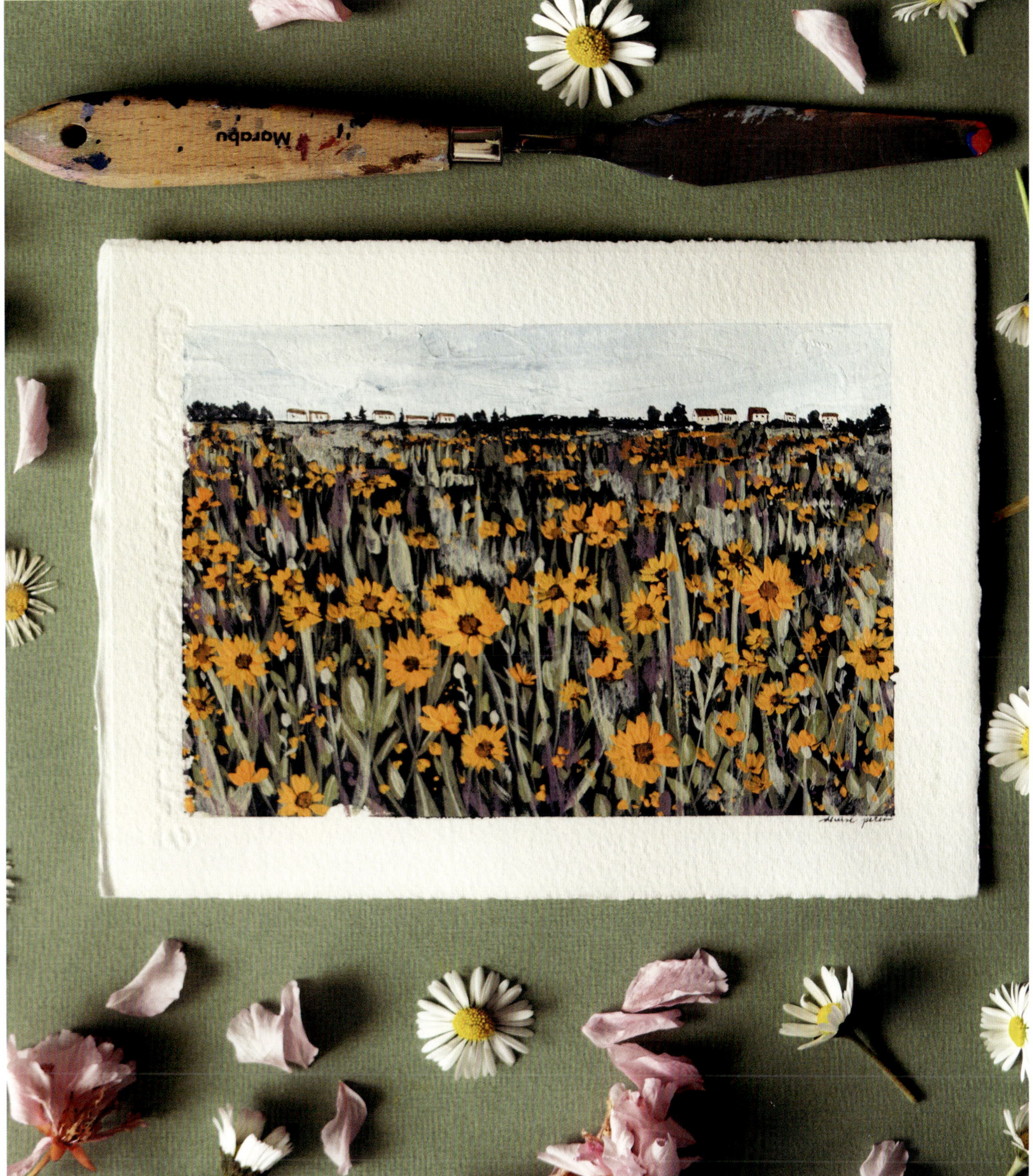
Marabu

1. Bevor du mit dem Malen beginnst, nimm einen Bleistift und zeichne dir damit sehr weit oben im Bild eine Horizontlinie. Mische dir mit sehr viel Weiß, sehr wenig Ultramarin und Umbra gebrannt ein eher gräuliches Hellblau für den Himmel. Hierfür kannst du direkt dein Palettenmesser benutzen, das schont auch deine Pinsel. Die Farbe muss gut vermischt werden, damit du keine Streifen erzeugst. Nimm die Farbe mit dem Palettenmesser auf und streiche sie mit diesem über den gesamten Himmel. Achte darauf, dass die Farbe nicht zu dick aufgetragen ist, ansonsten könnte sie im getrockneten Zustand bröckeln.

2. Den Teil unter deiner Horizontlinie füllst du jetzt komplett mit einem dunklen Grünton. Mische hierfür Olivgrün, Ultramarinblau und Umbra gebrannt. Wenn du kein Olivgrün hast, kannst du die Farbe einfach durch Siena natur und Primärgelb ersetzen. Nimm für die Wiese auch dein Palettenmesser. Wenn du damit fertig bist, achte darauf, dass dein Himmel trocken ist. Nimm dir einen kleinen Pinsel und denselben Grünton der Wiese, um damit direkt auf deine Horizontlinie kleine Büsche zu tupfen. Neben die Büsche kannst du jetzt ein paar Häuser malen: Für die Hauswände brauchst du Weiß und Siena natur, für die Dächer mischst du Umbra gebrannt mit Siena natur. Mit Umbra gebrannt kannst du noch ein paar kleine Fenster reinmalen.

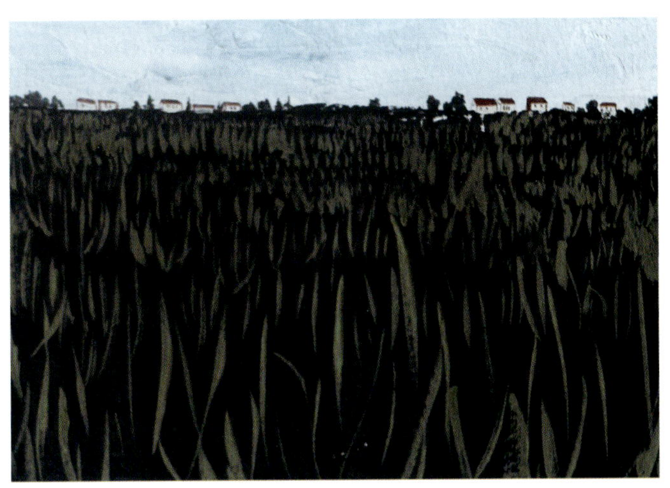

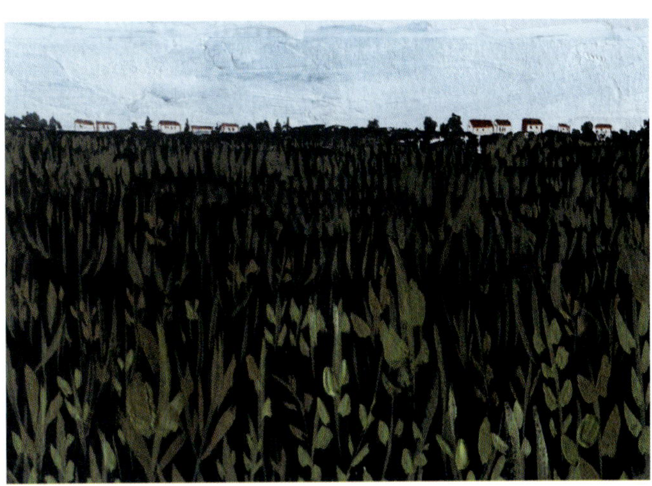

3. Mische dir Olivgrün mit Weiß und beginne, dir die Wiese aufzubauen. Hinten sollten die Striche kleiner sein als vorn. Achte dabei darauf, dass sie in unterschiedliche Richtungen gehen und auch unterschiedlich breit sind. Die Striche, die sich ganz unten am Bildrand befinden, sollten auf jeden Fall auch über diesen hinausgehen, damit es nicht so aussieht, als würden die Stängel schweben.

4. Variiere deine Grüntöne mit Siena natur und Primärgelb. Damit kannst du ein paar mehr Striche malen und auch die Blätter der Blumen. Bei den Blättern ist es genauso wie bei den Stängeln: Je weiter hinten (also oben im Bild) sie sich befinden, desto kleiner sollten sie werden.

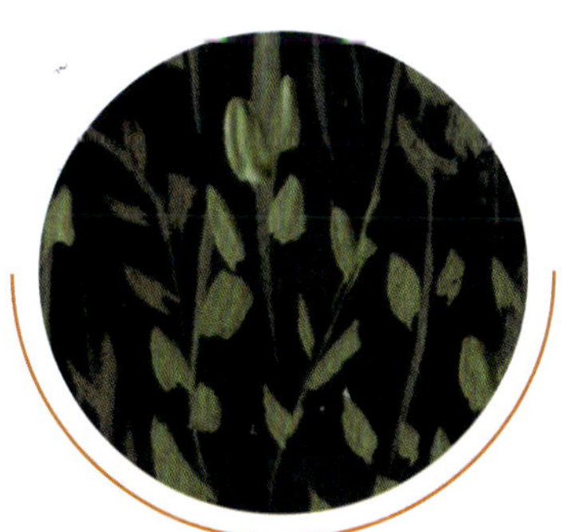

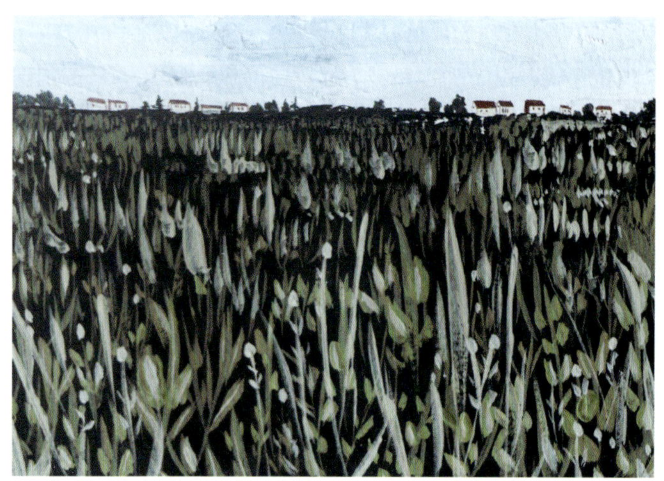

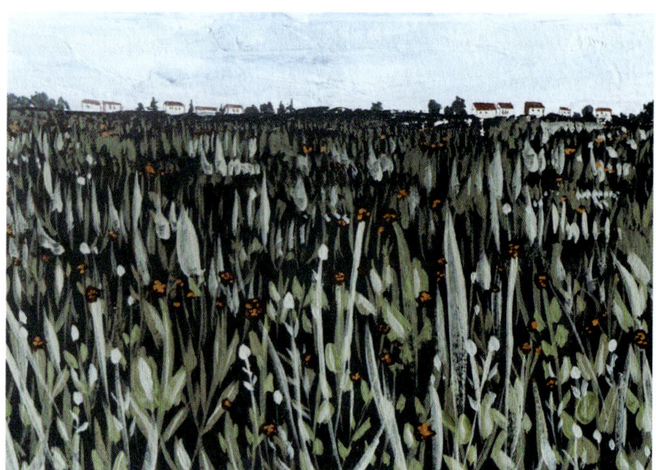

5. Mische dir ein noch helleres Grün mit viel Weiß. Damit kannst du jetzt Lichtpunkte und Akzente setzen und bei den Blättern die Blattadern malen. Diese kannst du so genau machen, wie du willst. Ich habe bei jedem Blatt nur einen Strich reingemalt. Mit derselben Farbe kannst du auch kleine Punkte auf manche Stängel setzen, das soll die Knospen darstellen, die noch nicht blühen.

6. Mit Umbra gebrannt und Ultramarinblau kannst du dir einen dunklen Farbton mischen, der Schwarz sehr ähnelt. Mit diesem malst du nun das Blüteninnere. Überlege dir genau, wo im Vordergrund eine Blume blühen soll, und setze dort den Punkt für das Blüteninnere. Beim Hintergrund kannst du einfach willkürlich an ein paar Stellen Punkte setzen und auch viel mehr als im Vordergrund. Male mit Siena natur noch kleine Pünktchen ins Blüteninnere.

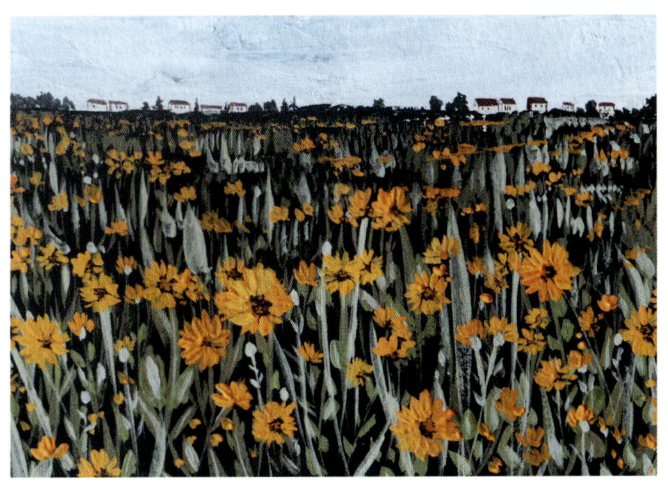

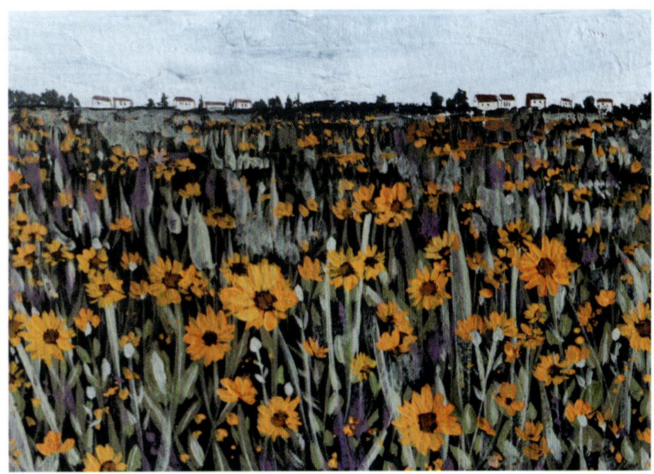

7. Nun sind auch schon die Blüten dran. Calendula haben ein eher dunkles Orange, das kannst du dir mit Indischgelb und Magenta mischen. Mische dir die Farbe so, dass sie dir gefällt. Damit kannst du um das Blüteninnere, was du schon gemalt hast, mit kleinen Strichen die Blüte anlegen. Arbeite in mehreren Schichten und versuche dabei, deine Farbe jedes Mal leicht abzuändern mit weniger oder mehr Magenta. Für einen noch helleren Farbton kannst du auch etwas Primärgelb dazumischen.

8. Ganz zuletzt habe ich mit Magenta, Ultramarinblau und Weiß noch ein paar Striche und Akzente gesetzt. Daraus entsteht ein sehr dezenter heller Lilaton, der super im Kontrast steht zu den gelb-orangen Calendulablüten.

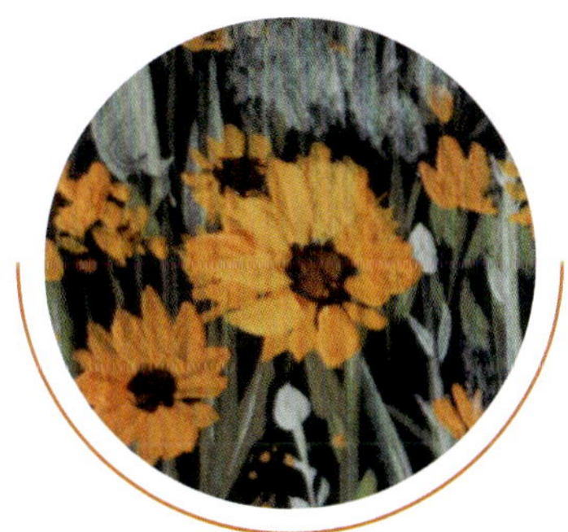

KAMILLE

Kamille findet sich wirklich überall, auf Wiesen oder an Wegrändern. Ich male sie sehr häufig, einfach weil sie so leicht zugänglich ist und zudem immer etwas hermacht. Da ich so oft Kamille gemalt habe über die Jahre, kann ich daran auch immer meine Entwicklung sehen. Schon allein deswegen lohnt es sich, etwas immer und immer wieder zu malen.

MISCHFARBEN

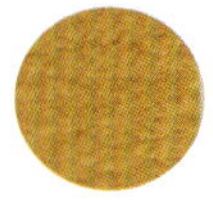 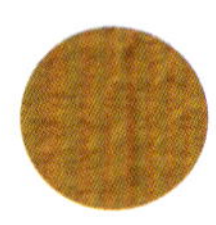  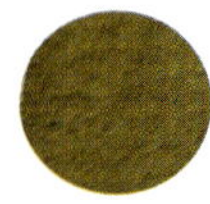 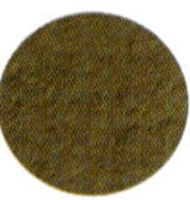 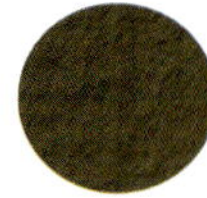 

MATERIAL

breiter, flacher Pinsel
(Größe 8 – 10)

schmaler, runder Pinsel
(Größe 2 oder 3)

FARBEN

Ultramarinblau

Umbra gebrannt

Weiß

Siena natur

Olivgrün

Indischgelb

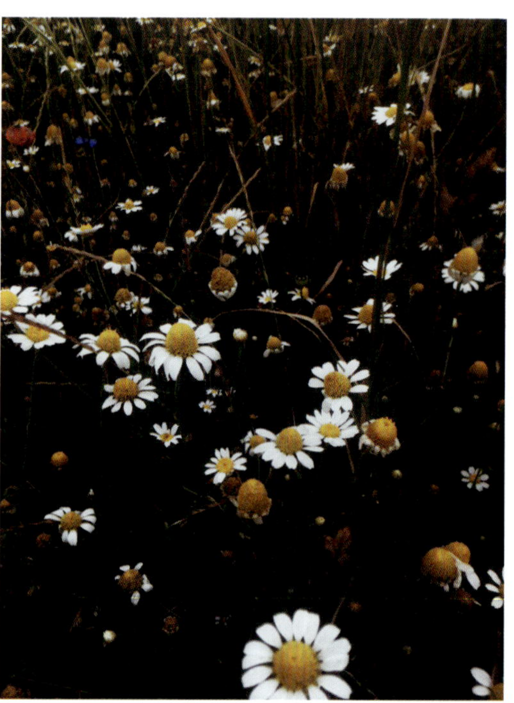

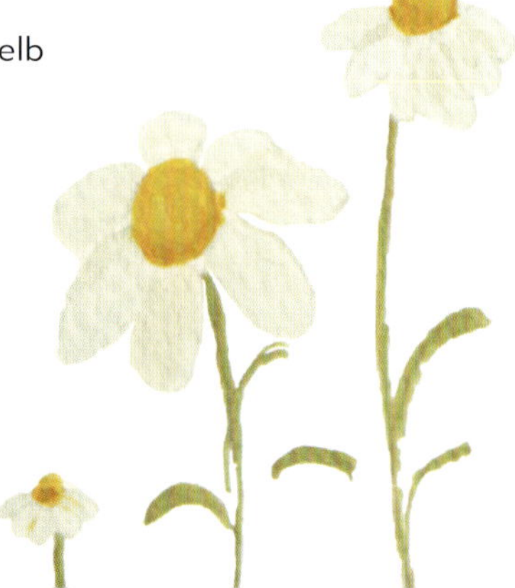

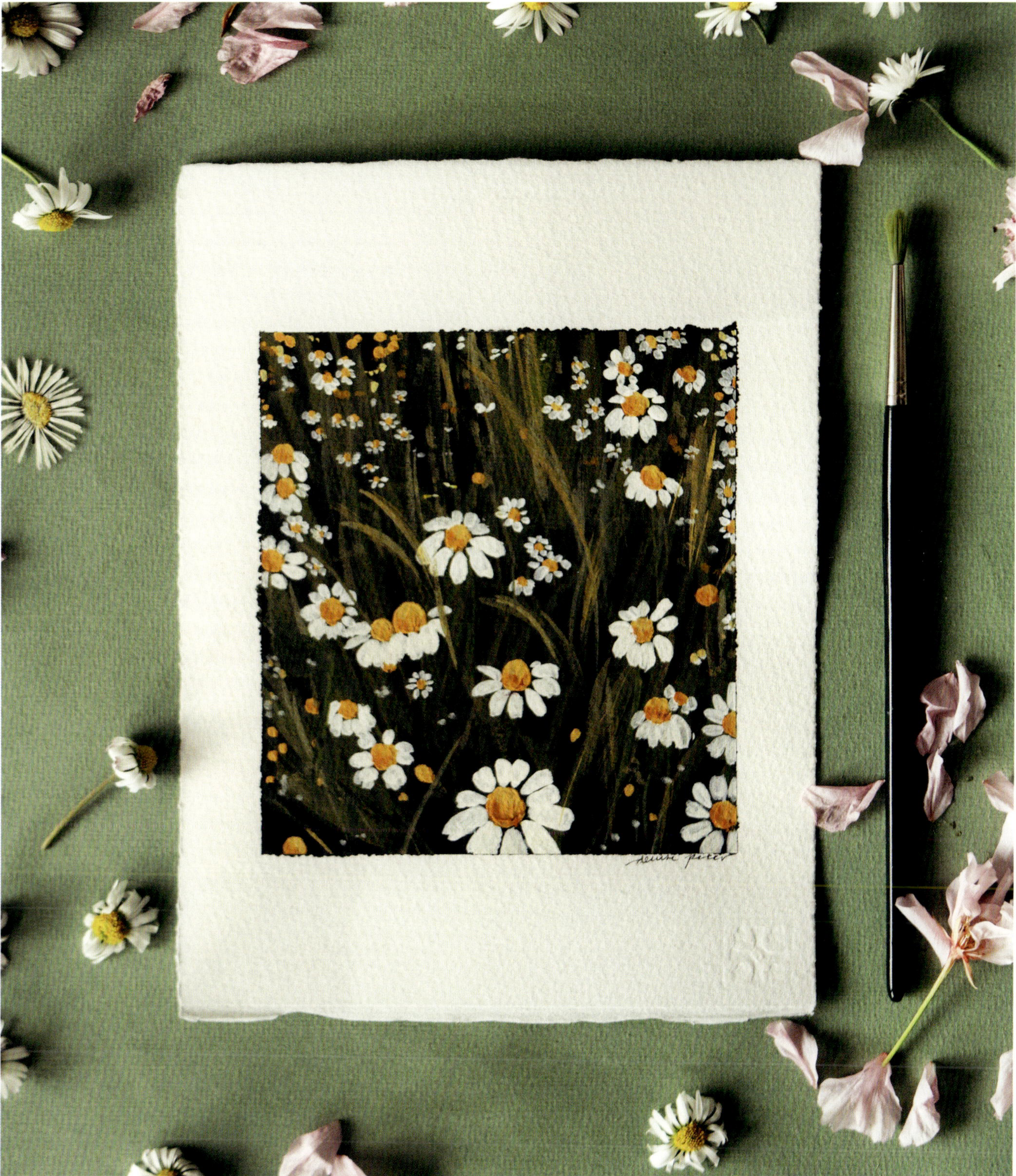

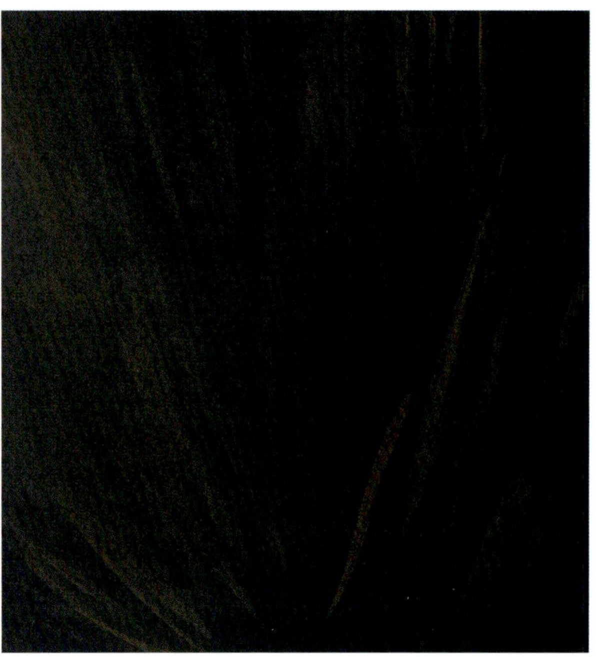

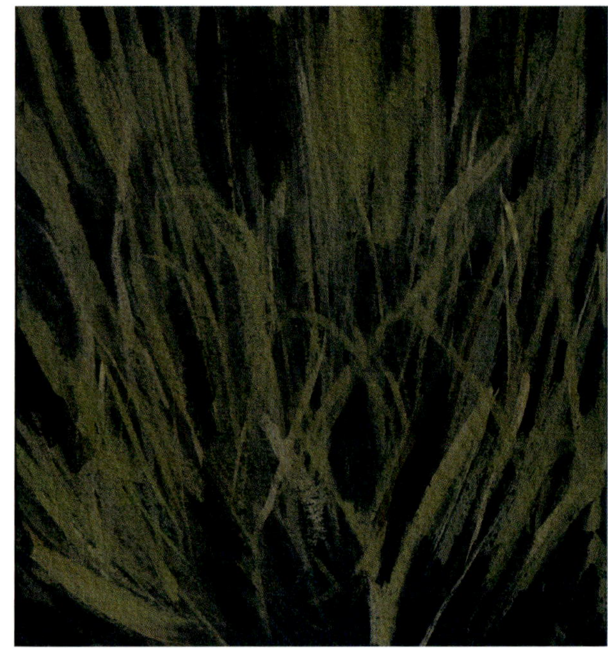

1. Den simplen Hintergrund für deine Kamillenwiese mischst du dir mit Umbra gebrannt, Ultramarinblau und Siena natur. Nimm dafür einen großen Pinsel und male direkt die komplette Fläche in Strichen aus. Dann kannst du pures Siena Natur nehmen und einzelne Striche in die noch nasse Farbe hineinmalen, die später den Hintergrund deiner Stängel darstellen und dir bereits jetzt ein bisschen Tiefe geben.

2. Mit einem helleren Grünton und mehr Siena natur und Olivgrün baust du dir jetzt immer weiter deine Wiese auf. Nimm dafür einen kleineren runden Pinsel und male feine Striche in verschiedene Richtungen. Manche der Striche können auch sehr dicht sein und über andere ragen. Male dabei immer über den Rand hinaus, so sieht es am natürlichsten aus.

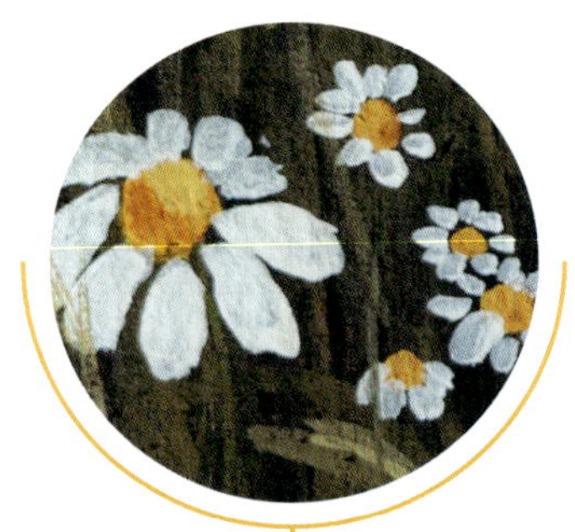

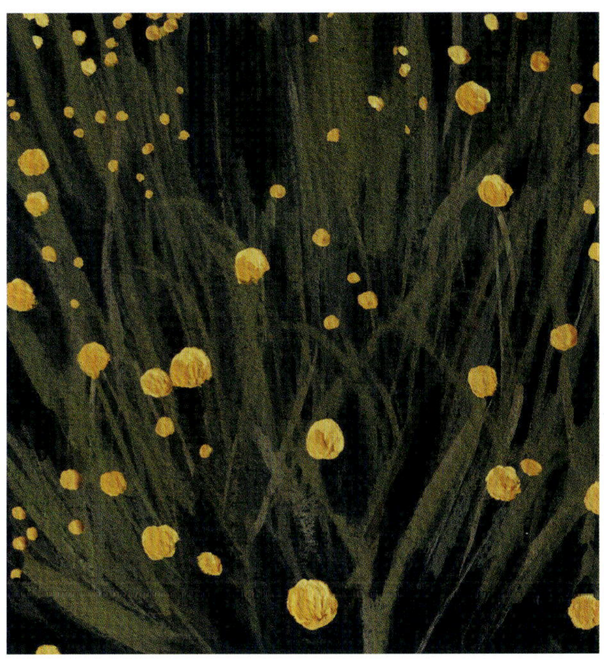

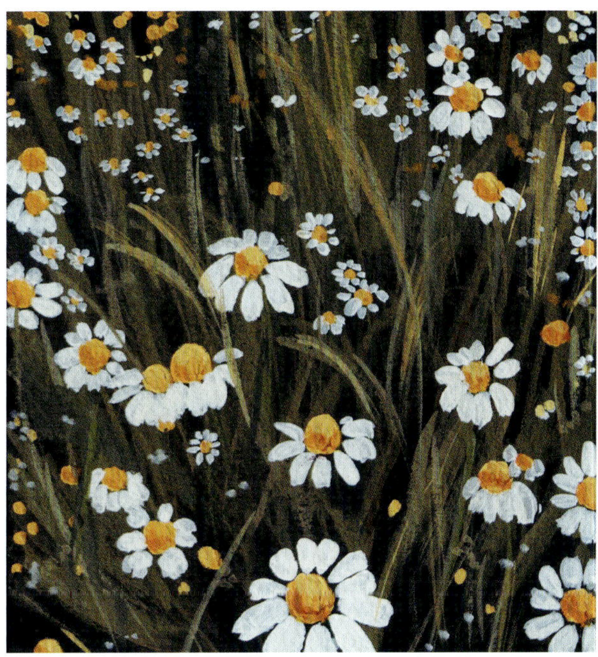

3. Für diesen Schritt solltest dein Untergrund trocken sein. Das Blüteninnere mischst du dir mit Siena natur, Weiß und Indischgelb und malst damit ein paar runde Tupfer, die alle unterschiedlich groß sind. Schau dabei auf die Vorlage und achte auf die jeweiligen Blütengrößen. Setze den Fokus auf Licht und Schatten: Mische dir mit den drei Farben einen weiteren helleren und dunkleren Ton, setze den helleren Ton an die oberste Stelle deines Tupfers und den dunkleren Farbton an den unteren Rand. Du kannst die Farben mit dem Pinsel ein bisschen ineinander verblenden, dann sieht es natürlicher aus.

4. Die Blütenblätter kannst du mit deinem schmalen Pinsel in Weiß einzeln aufmalen. Baue dir die Blüte um dein Blüteninneres herum. Halte dabei die Vorlage im Blick und schaue dir genau die Form der Blüten an, in welche Richtung die Blüten zeigen und wie groß oder klein sie sind. Mit ein bisschen Umbra gebrannt, Ultramarinblau und Weiß kannst du dir ein sehr helles Grau mischen und manche Blüten damit vertiefen. Als letzten Schritt kannst du dir noch mal ein paar Grüntöne mischen und auch direkt mit Siena natur ein paar Grashalme über deine Blüten malen und andere Halme noch mal verstärken.

ROSEN

Alle Rosenbilder, die ich bisher gemalt habe, sehen anders aus. Oder vielleicht sind sie auch alle gleich, aber an jedes Rosenbild gehe ich neu ran und es ist immer wieder eine Entdeckungsreise. Rosenblüten sind so komplex und vielschichtig. Aber egal, wie man sie malt, sie werden immer so schön!

MISCHFARBEN

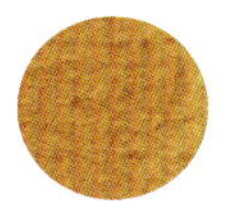  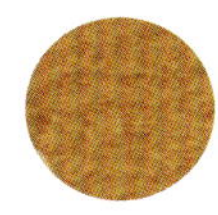  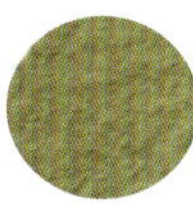 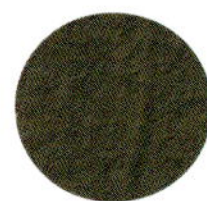 

MATERIAL

breiter, flacher Pinsel (Größe 8 – 10)

schmaler, runder Pinsel (Größe 2 oder 3)

FARBEN

Umbra gebrannt

Ultramarinblau

Olivgrün

Englischrot

Siena natur

Weiß

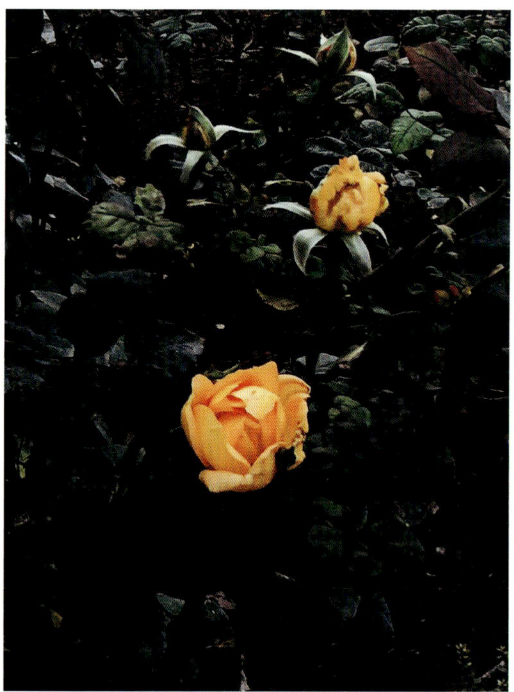

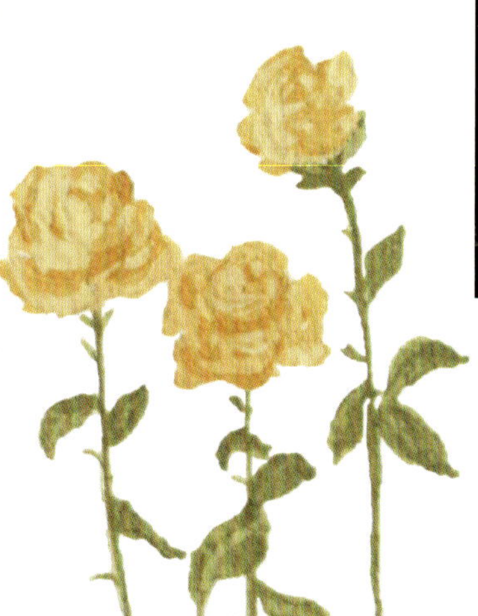

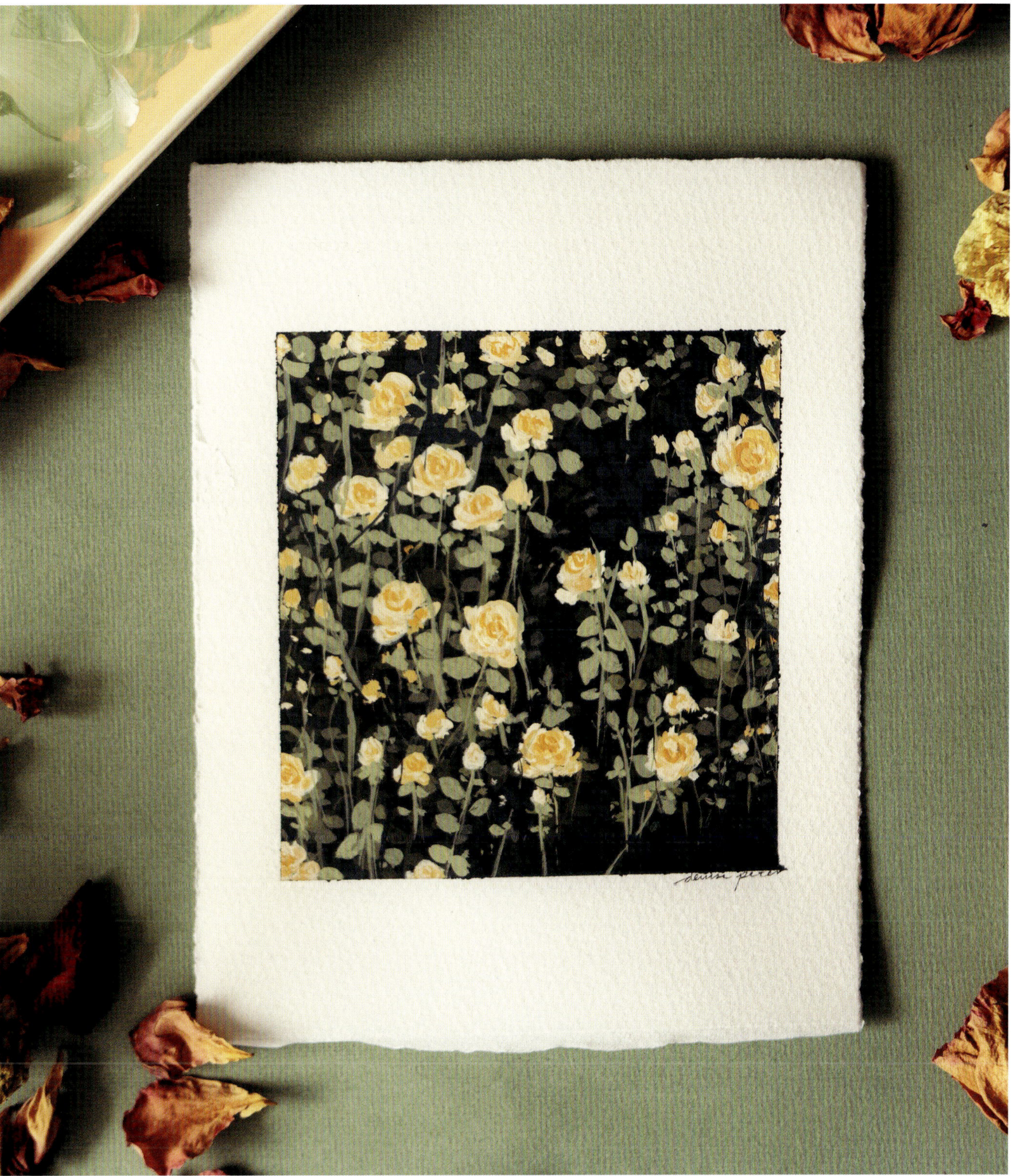

1. Male für die Rosen einen sehr dunklen Hintergrund mit Ultramarinblau und Umbra gebrannt. An wenigen Stellen kannst du die Farben mit Olivgrün verblenden. In der Mitte sollte dein Hintergrund am dunkelsten sein, zu den Seiten hin eher heller. Vielleicht braucht es auch zwei Schichten, das kommt darauf an, wie dunkel die erste Schicht ist, wenn sie getrocknet ist.

2. Mit Olivgrün und ein wenig Englischrot kannst du schon mal anfangen, mit einem schmalen Pinsel die Stängel der Rosen zu malen, und an diese auch bereits kleine Blätter tupfen. Ich mache das immer sehr schnell und ungenau, du kannst das natürlich auch genauer machen, ganz wie es dir am besten gefällt.

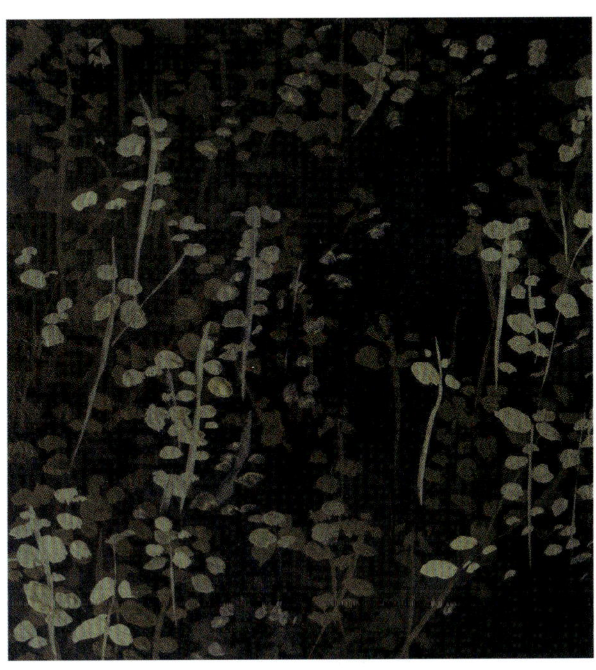

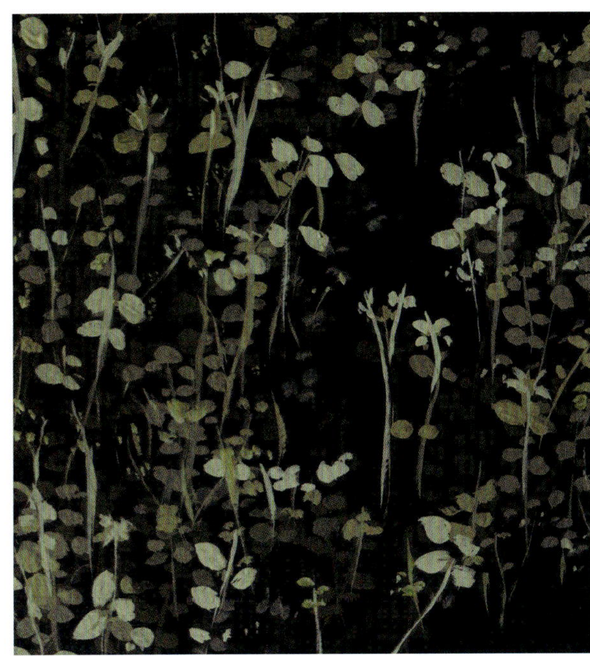

3. Nun wiederholst du das Prinzip vom letzten Schritt, aber dieses Mal mit einer deutlich helleren Farbe, die du dir aus deinem vorherigen Grünton und Weiß mischst. Die sehr dunklen Stellen deines Hintergrunds lässt du dabei frei.

4. In diesem Schritt malst du die dritte Schicht an Stängeln und Blättern in einem weiteren, helleren Grünton. Dabei kannst du über deine bereits gemalten Schichten drübermalen, aber auch an weiteren Stellen neue hinzufügen. Du kannst auch weitere, einzelne Blätter aufmalen. Dein Bild sollte durch die drei Schichten ein bisschen Tiefe erlangen.

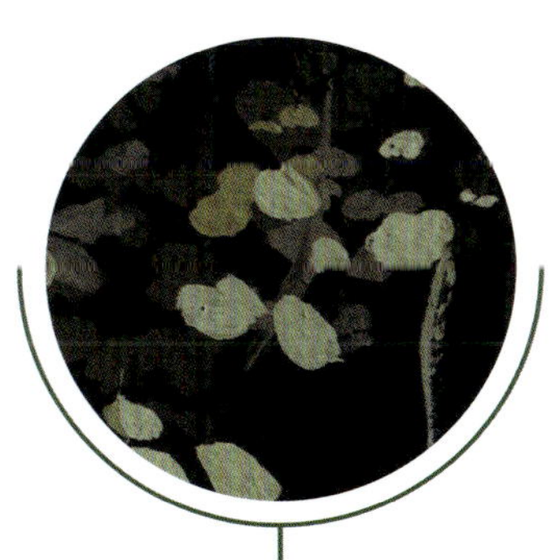

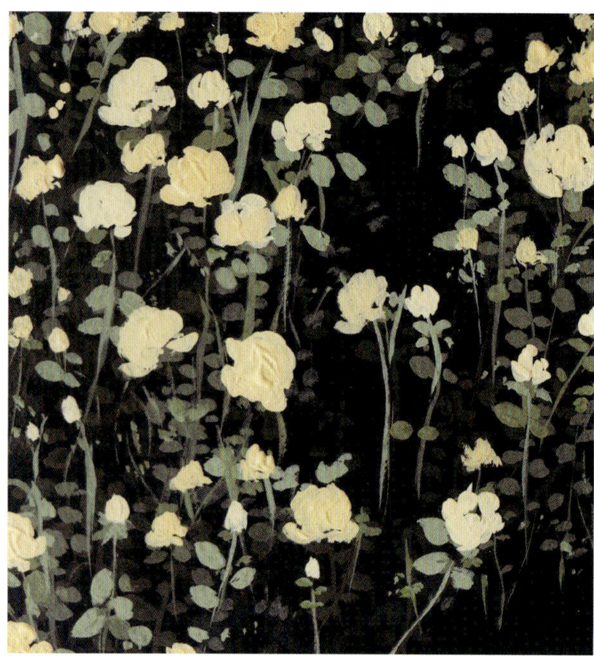

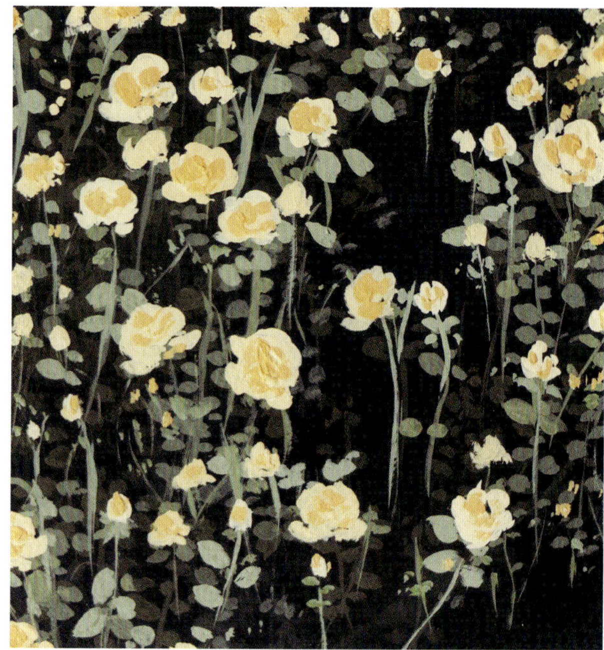

5. Nun baust du auch die Blüten langsam auf. Fange mit einer Schicht Weiß und Siena natur an, werde dabei aber nicht zu hell. Achte genau auf die Form der Rose und darauf, dass die Rosen unterschiedlich groß sind.

6. Mit Siena natur malst du jetzt das Innere der Rose auf. Rosen zu malen ist nicht ganz einfach, das ist immer so ein Hin und Her, bis die richtige Balance zwischen Helligkeit und Schatten erreicht ist. Keine Sorge, wenn das jetzt noch nicht so ganz nach Rosen aussieht, das wird noch!

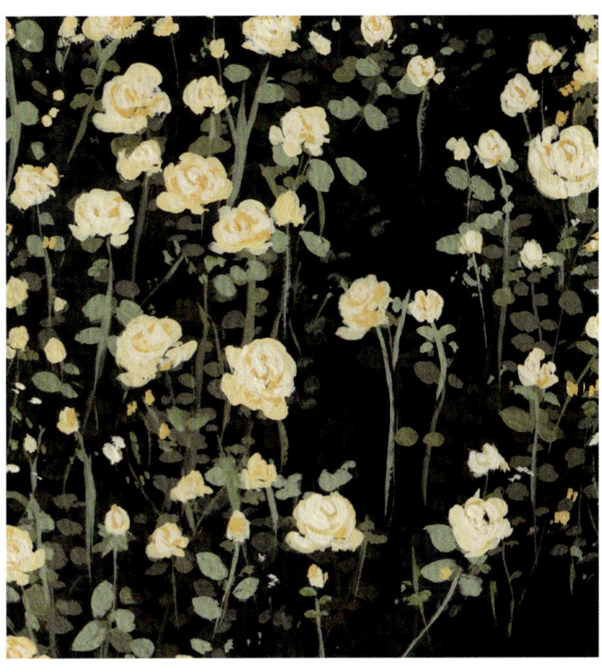

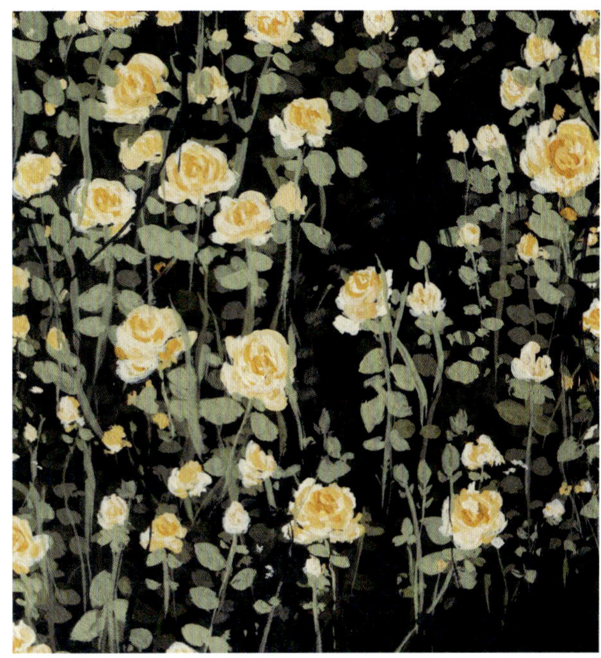

7. Mische dir einen sehr hellen Ton mit Siena natur und Weiß, diese Farbe sollte auf jeden Fall heller sein als dein erster gemischter Farbton. Male mit einem kleinen Pinsel schmale, kreisförmige Striche, um dir deine Blüte aufzubauen. Mit diesem Farbton kannst du auch die äußeren Ränder deiner Blüten verstärken.

8. Im letzten Schritt vertiefst du mit einem dunkleren gemischten Siena natur und Weiß deine Schatten im Inneren der Blüte. Denke dabei immer an den kreisförmigen Aufbau der Rose. Ganz am Ende, wenn du mit deinen Blüten zufrieden bist, mischst du dir mit Ultramarinblau und Umbra gebrannt einen dunklen Farbton und malst damit auf deine dunkelsten Stellen im Hintergrund weitere Stängel und Blätter. Dabei kannst du auch über deine bereits gemalten Stängel drübermalen und manche Rosen damit bedecken, damit alles ein bisschen dichter wird.

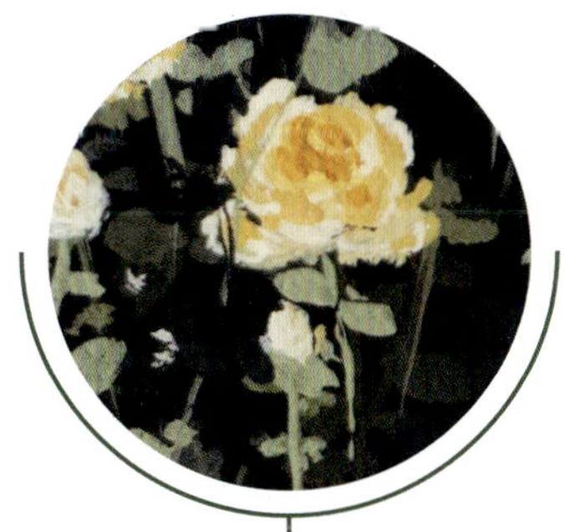

BUTTERBLUME

Manchmal greife ich auf alte Referenzfotos zurück, um damit auch die Erinnerungen wiederzuerwecken. Dieses Foto male ich gern ab und zu, um mich an den ruhigen Abend zu erinnern, mich in diesen Moment zurückzufinden, in dem ich zwischen den gelborange leuchtenden Butterblumen saß, der Mond über mir leuchtete, die pinkfarbenen Wolken an mir vorbeigezogen sind und ich einfach nur ein Gefühl von Zufriedenheit in mir verspürte.

MISCHFARBEN

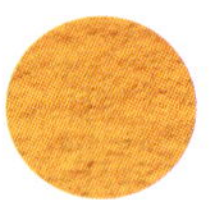 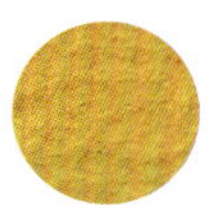  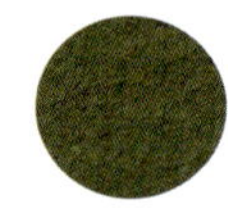    

MATERIAL

breiter, flacher Pinsel (Größe 8 – 10)

schmaler, runder Pinsel (Größe 2 oder 3)

FARBEN

Ultramarinblau

Umbra gebrannt

Weiß

Magenta

Olivgrün

Primärgelb

Indischgelb

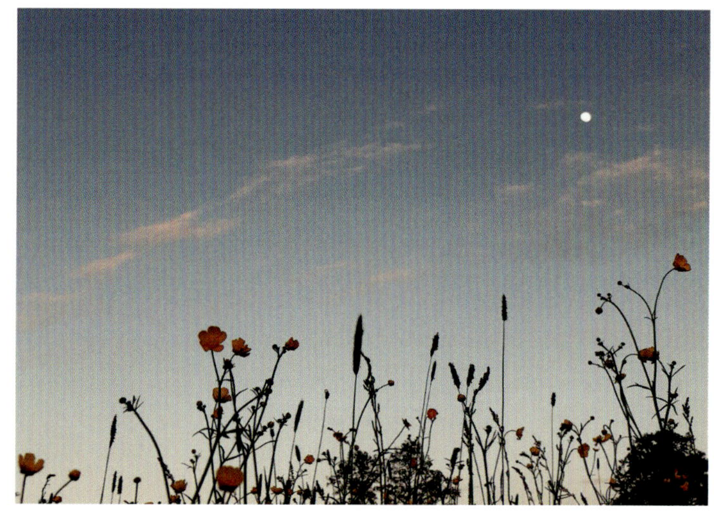

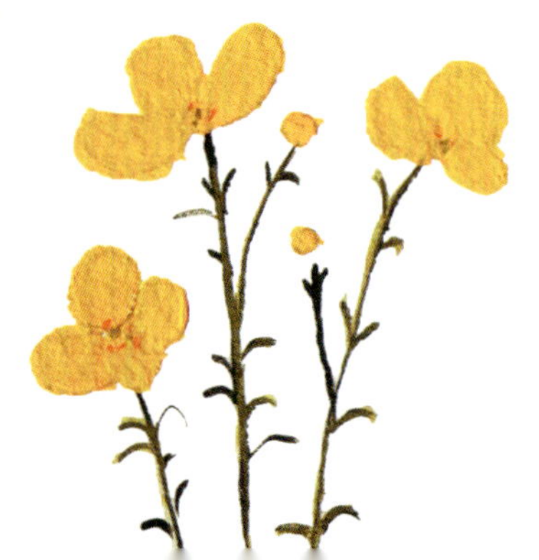

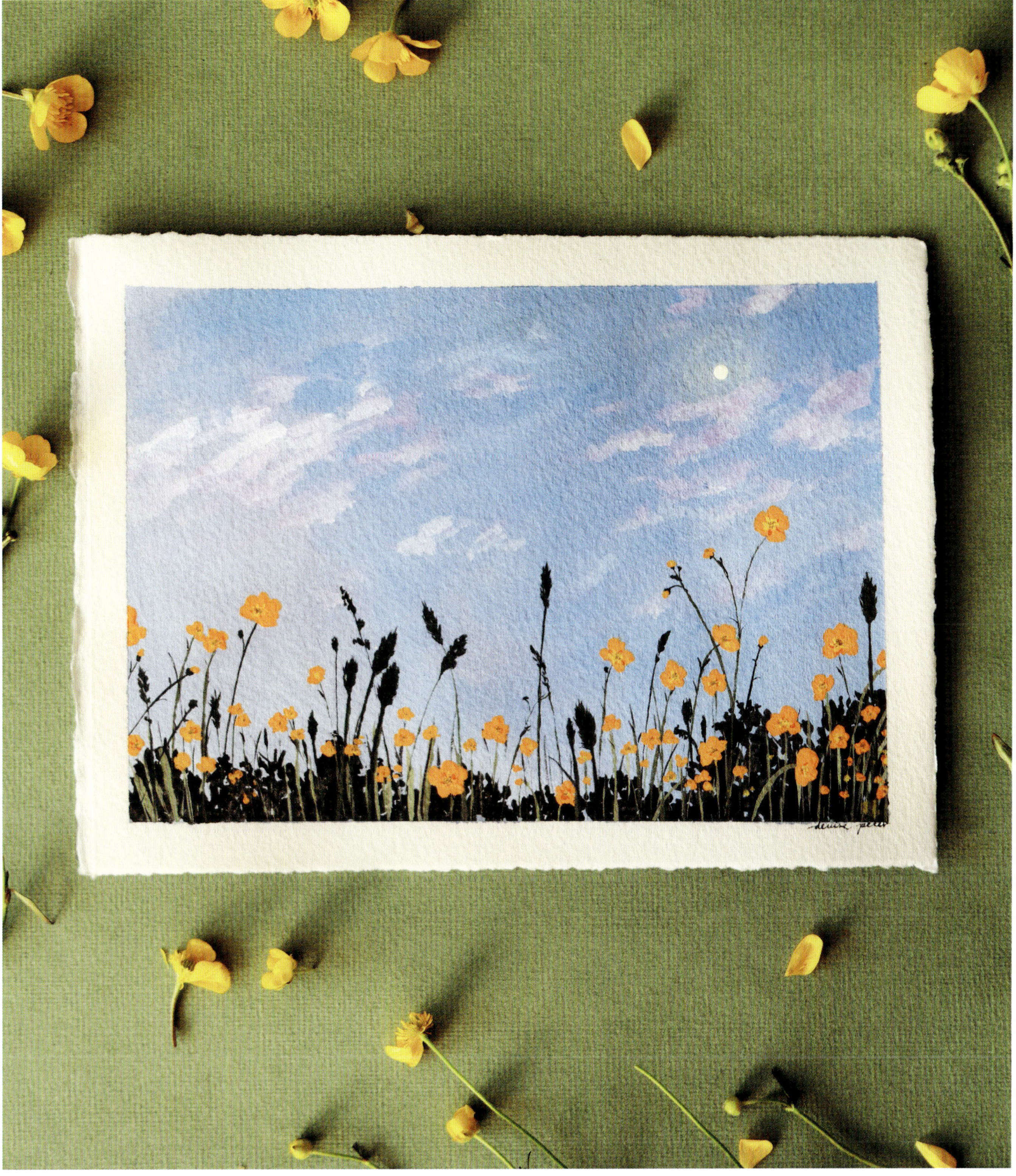

1. Als Erstes mischst du dir eine Himmelfarbe mit Ultramarinblau, Weiß und ein bisschen Magenta. Bemale damit dein komplettes Bild. Du kannst am unteren Rand ein bisschen Weiß hinzufügen und alles miteinander verblenden.

2. Die Wolken malst du lasierend mit mehr Weiß und Magenta in deinen noch nassen Hintergrund. Du kannst sie in mehreren Schichten langsam aufbauen, bis du zufrieden bist. Den unteren Teil deines Bilds sparst du dabei aus, dieser wird später sowieso zum größten Teil bedeckt werden. Den Mond malst du mit Weiß und ein bisschen Primärgelb kreisrund auf und lasierst mit derselben Farbe außenherum, sodass es aussieht, als würde er scheinen.

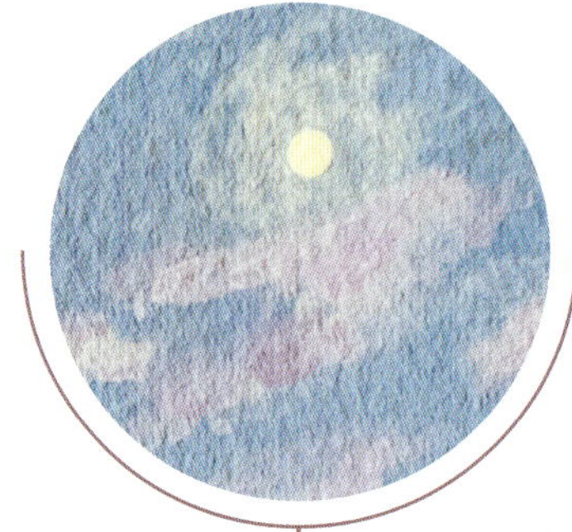

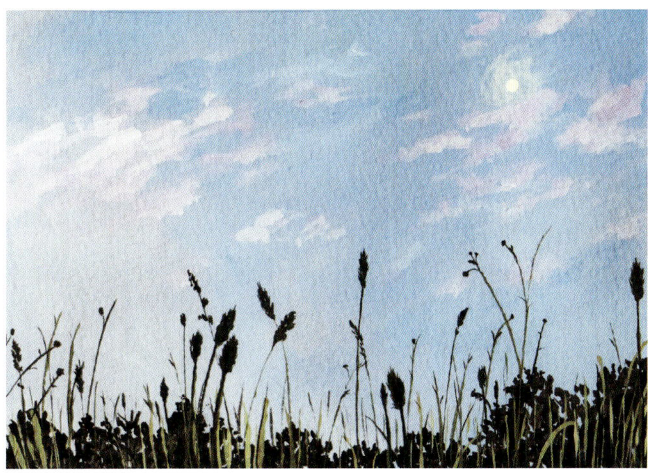

3. Für diesen Schritt sollte dein Bild wieder trocken sein. Für den Hintergrund deiner Blumen mischst du dir Umbra gebrannt, Ultramarinblau und sehr wenig Olivgrün und tupfst damit die Büsche. Dazu kannst du auch einen kleineren Pinsel nehmen und die Büsche mit ganz kleinen Tupfern aufbauen. Es muss nicht ein einzelner Farbton sein, die Grüntöne können sich ruhig ein wenig unterscheiden. So erzeugst du Licht und Schatten in deinem Hintergrund und dadurch auch mehr Tiefe.

4. Mit der gleichen Farbe malst du die Grashalme, gerstenähnliche Halme und die Stängel für deine Butterblumen. An den Stängeln der Butterblumen befinden sich auch ganz kleine Knospen, diese kannst du mit der gleichen Farbe aufmalen. Mische dir in deine Farbe mehr Weiß und Olivgrün und mache damit weitere Grashalme, die wild in alle Richtungen zeigen.

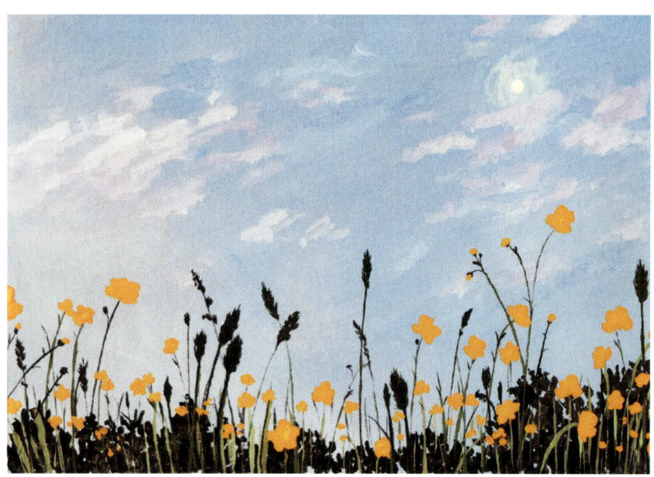

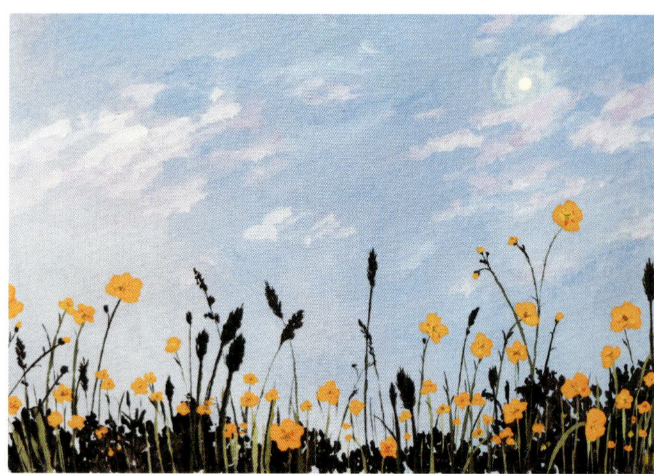

5. Mische dir für deine Butterblumen ein dunkles Gelb mit Primärgelb und ein bisschen Weiß und Magenta und male damit deine Blüten. Du kannst zusätzlich auch Indischgelb dazumischen. Es braucht wahrscheinlich zwei Schichten , damit es genügend deckt. Warte aber, bis deine erste Schicht getrocknet ist, bevor du die zweite darübermalst.

6. Als letzten Schritt kommen die Details. Mische dir mit Magenta und Indischgelb ein dunkles Orange und male kleine Kreuze in die Mitte der offenen Butterblumen. Mit Primärgelb und Weiß tupfst du eine kleine Blütenform auf diese Kreuze. Ganz am Ende mischst du dir Olivgrün mit Primärgelb und tupfst damit kleine Pünktchen auf deine gelbe Blütenmitte. Tupfe abschließend noch ein paar gelborange Pünktchen in deine Grünfläche.

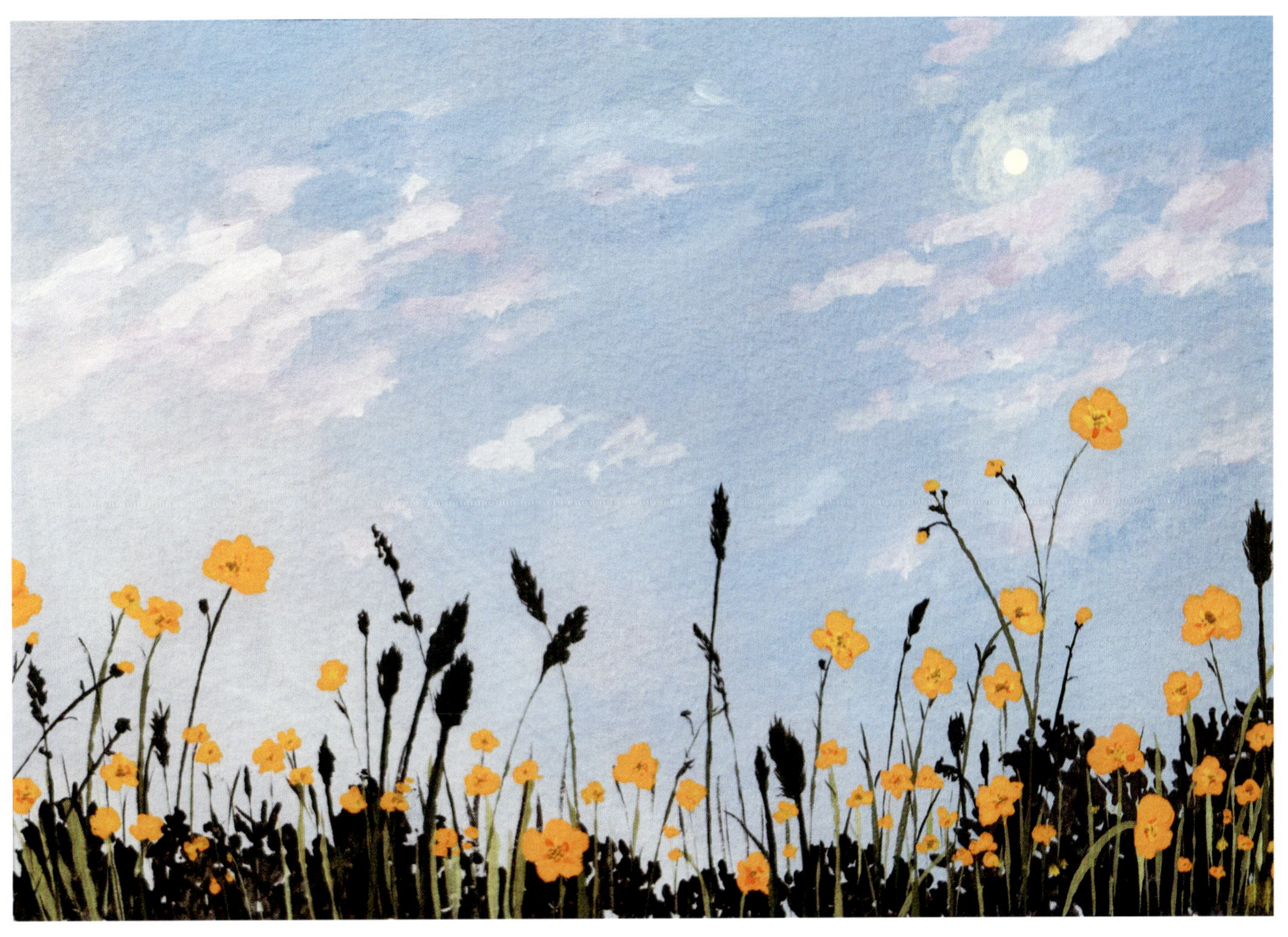

TIPP

Das Bild kann man natürlich auch umwandeln und vor den Hintergrund eine andere Blumenwiese setzen. Je nach Lust und Laune und je nachdem, welche blühenden Blumen man gerade so gesehen oder im Kopf hat.

MARIGOLD

Marigold, besser bekannt als Studentenblumen, sind gelborangefarbene oder orangerotfarbene große Blüten mit feingliedrigen, filigranen Blättern. Ich habe sie mir letztes Jahr auf dem Markt gekauft und im Spätsommer haben sie fröhlich auf meinem Balkon geblüht. Meine Sorte war essbar und hatte einen leicht zitronigen Geschmack. Leider habe ich keine Fotos gemacht, aber vielleicht kannst du die Blüten kurz nachschlagen, wenn du sie nicht kennst. Ansonsten brauchst du kein Referenzfoto, sondern nur ein bisschen Fantasie.

MISCHFARBEN

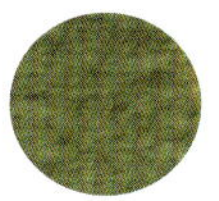  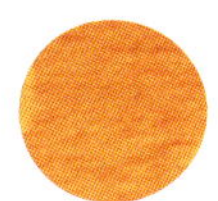     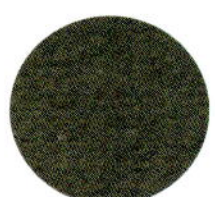 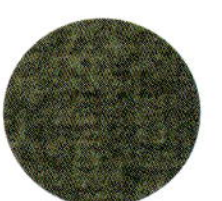

MATERIAL

breiter, flacher Pinsel (Größe 8 – 10)

1 oder 2 schmale, runde Pinsel (Größe 1 – 5)

FARBEN

Ultramarinblau

Umbra gebrannt

Olivgrün

Weiß

Neapelgelb

Primärgelb

Magenta

evtl. Indischgelb

INSPIRATION

Da es für dieses Bild kein Referenzbild gibt, will ich dir kurz ein Bild vor Augen malen, damit du es dir besser vorstellen kannst. Stelle dir eine Marigoldwiese vor, die sich so weit erstreckt, dass alles in der Ferne nur noch verschwommen erkennbar ist, und im Vordergrund strahlen volle, prächtige Blüten. Diesen Effekt erreichst du mit dem Verblenden der jeweiligen Farben und sanften Übergängen.

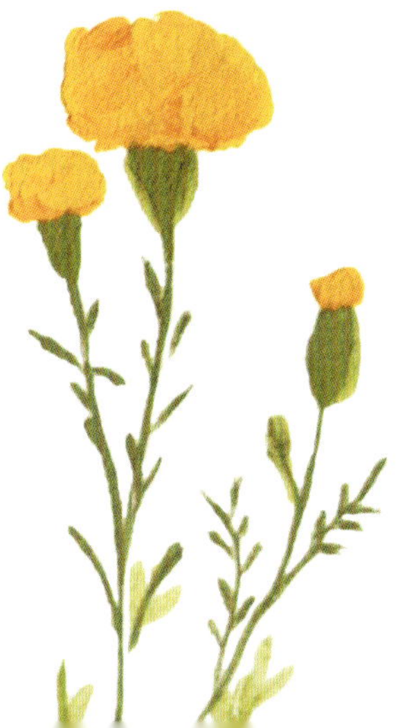

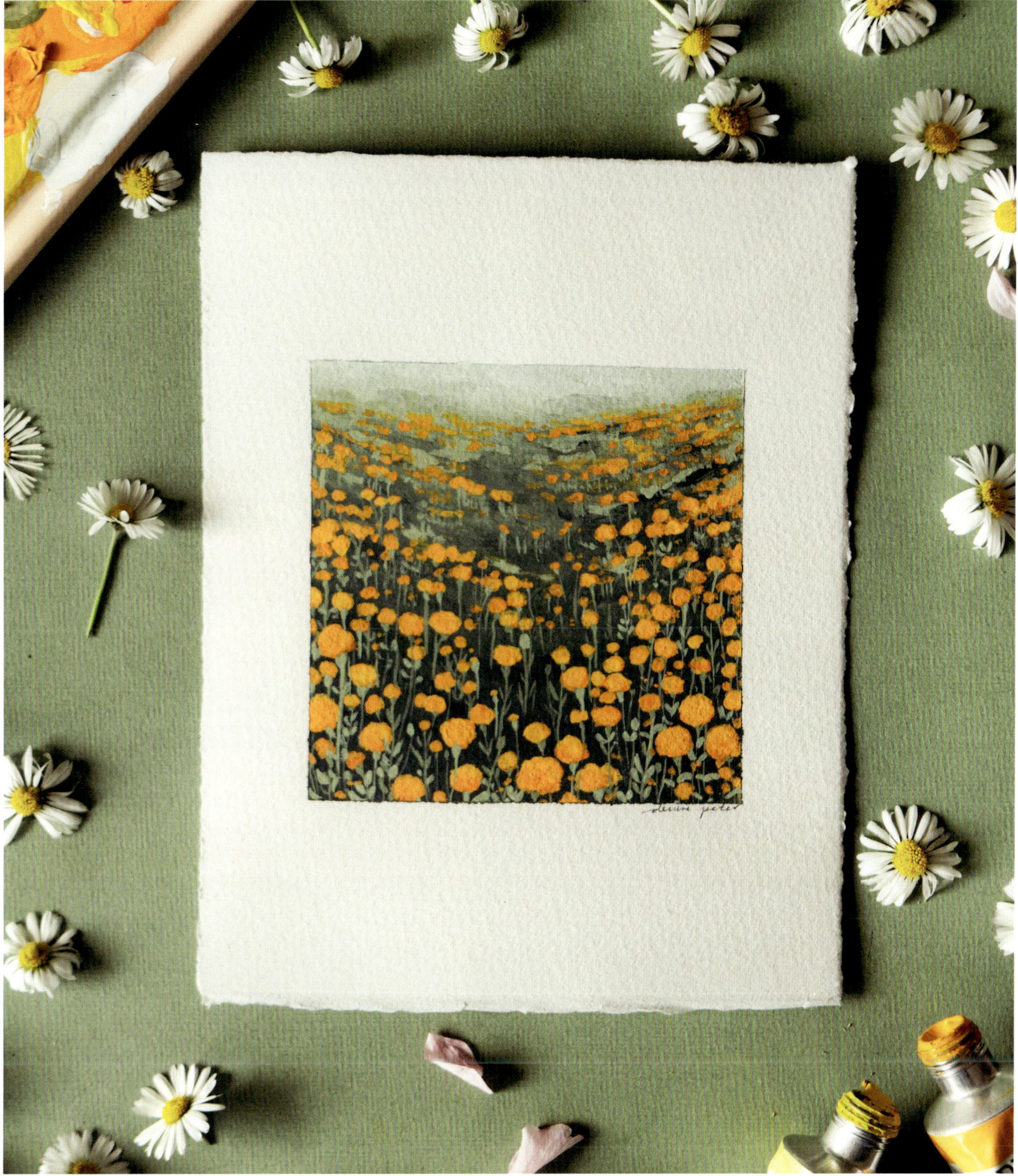

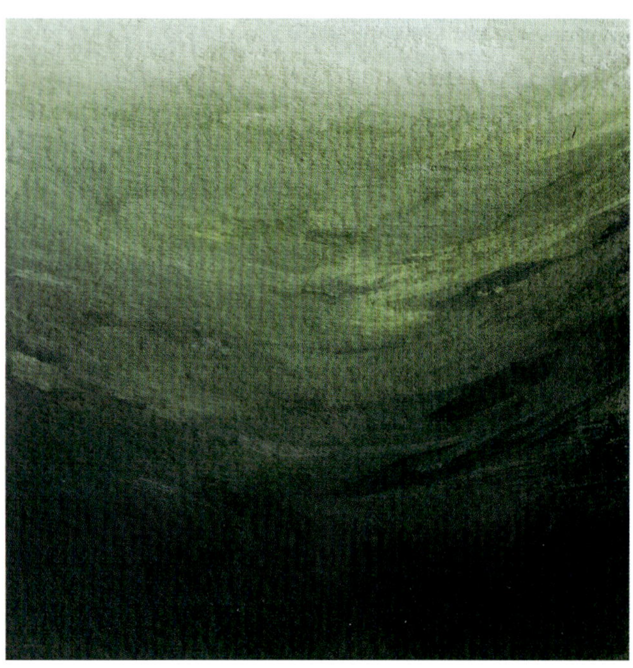

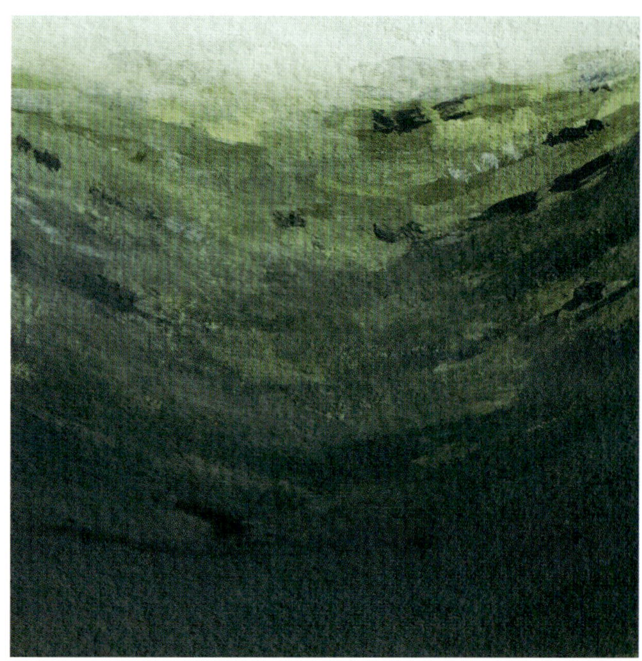

1. Für die hellste Farbe deiner Wiese nimmst du Olivgrün, Primärgelb, Neapelgelb und ein wenig Englischrot. Je weiter nach unten du kommst, desto mehr kannst du Ultramarinblau und Umbra gebrannt dazumischen. Damit im oberen Teil ein wenig Himmel erkennbar ist, kannst du in dein hellstes Grün noch ein wenig Ultramarinblau mit viel Weiß mischen. Die Farbe kann ruhig ein wenig grünlich sein. Bau dir deine Wiese in Bogen auf und versuche, manche Striche auch in dunkleren Farben stehen zu lassen. Es muss nicht alles miteinander verblendet sein.

2. In diesem Schritt fokussierst du dich noch mal genauer auf deine Farbgebung. Nimm dafür einen kleineren Pinsel und male mit deiner dunkelsten Farbe kleine Bogen in deinen hellen Farbbereich. Mit einer hellblauen Lasur aus Ultramarinblau und Weiß kannst du jetzt auch noch mal über deinen Himmelbereich gehen, damit dieser sich deutlicher abhebt. Spiele so lange mit den Farben, bis du zufrieden bist.

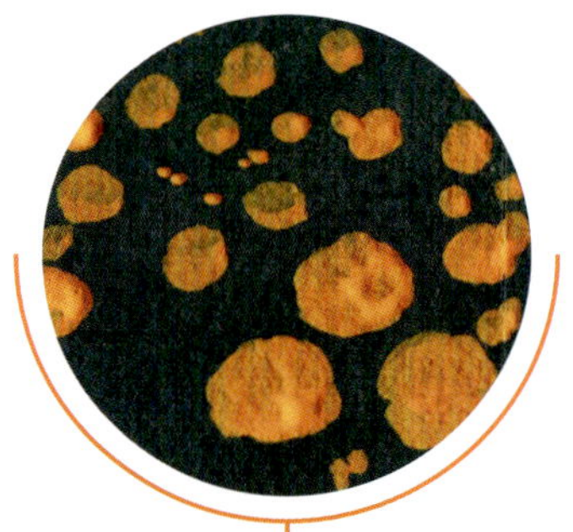

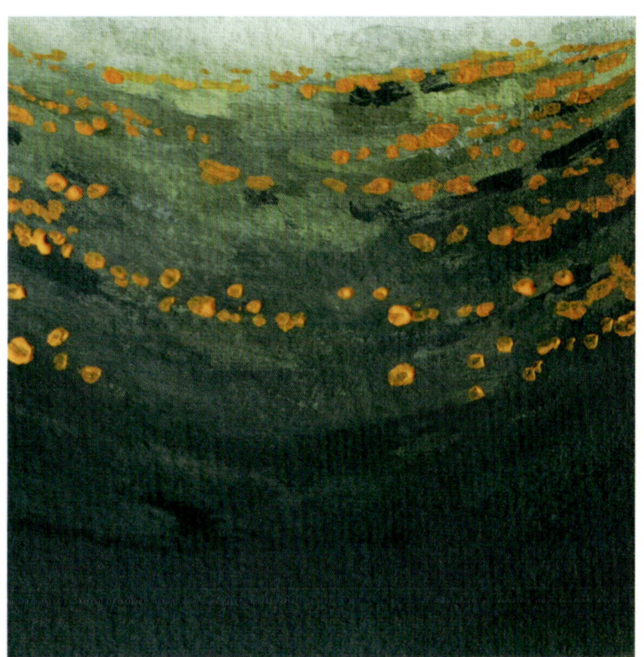

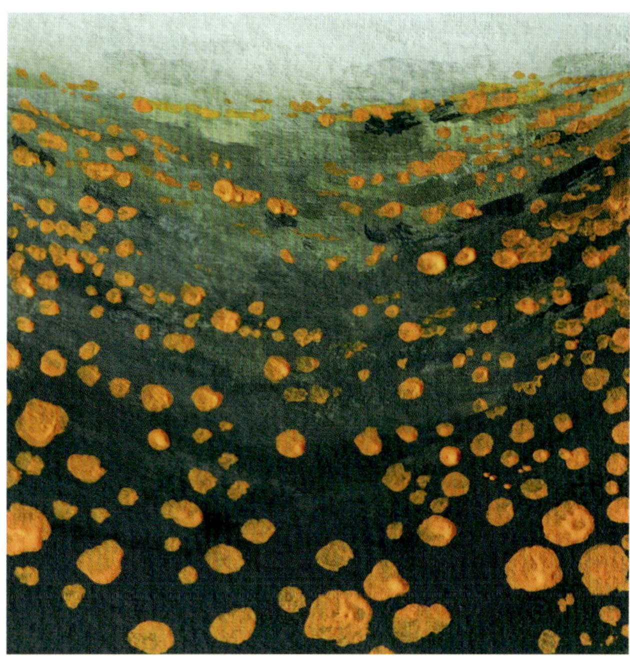

3. Mit Primärgelb und wenig Magenta mischst du dir die Farbe für deine Blüten. Fange damit im oberen Bereich deiner Wiese an und tupfe diese in Bogenform. Denke daran: Je weiter hinten im Bild du bist, desto kleiner sollten auch deine Blüten sein. Ganz hinten im Bild können die Blüten ruhig ineinander verschwimmen und nah beieinanderliegen. Je weiter vorn du bist, desto deutlicher sollten die Tupfer als Blüten erkennbar sein.

4. Wenn du vorn im Bild angekommen bist, werden die Blüten immer größer. Du kannst aber zwischendurch auch kleine Tupfer setzen, selbst ganz vorn im Bild. Diese können später gerade geöffnete Knospen darstellen. Das Orange wird in diesem Schritt wahrscheinlich noch nicht ganz decken, was nicht weiter schlimm ist, denn später änderst du das sowieso noch. Versuche trotzdem, in einer dünnen Schicht zu malen.

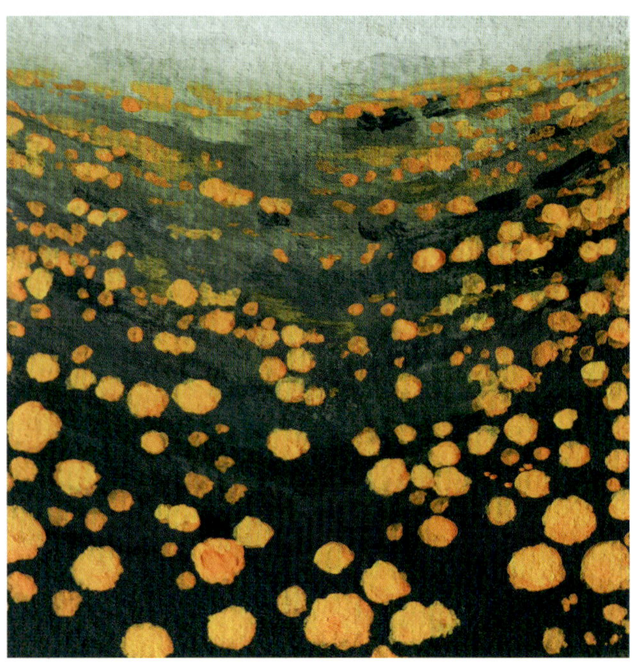

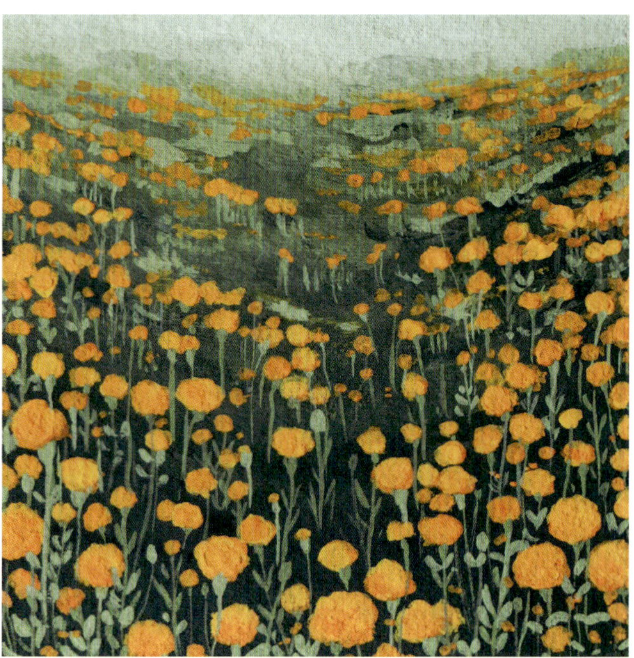

5. Mische dir noch einen helleren Orangeton mit mehr Weiß oder Neapelgelb und tupfe damit über deine bereits gemalten Blüten. Die Blüten von Marigold sind eher krisselig, daher passt diese Technik sehr gut. Versuche immer, einen dunkleren Rand an den jeweiligen unteren Seiten der Blüten stehenzulassen. Mit dieser Farbe kannst du auch noch über deine hinteren Blüten tupfen. Mische dir mehr Primär- oder Indischgelb dazu und variiere damit deine Farbtöne.

6. In diesem Schritt habe ich weitere Blüten hinzugefügt, damit mein Feld ein bisschen voller wird. Zunächst kannst du aber mit einem pastelligen, sehr hellen Grünton, gemischt aus Weiß, Olivgrün und Englischrot, die einzelnen Stängel und Blätter an deine Blüten malen. Unter den Blüten haben Marigolds so eine Art Trichter, auch den kannst du in diesem Farbton malen. Nimm dir hierfür einen feinen Pinsel zu Hilfe. Ganz weit oben im Bild kannst du für die Stängel teilweise kleine Striche malen oder auch einfach ein wenig mit deinem hellen Grünton tupfen.

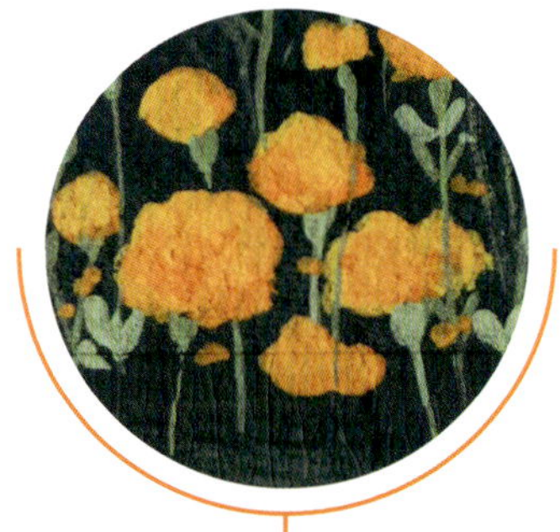

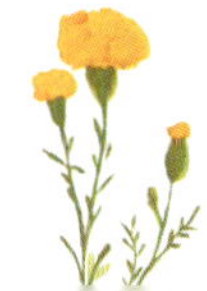

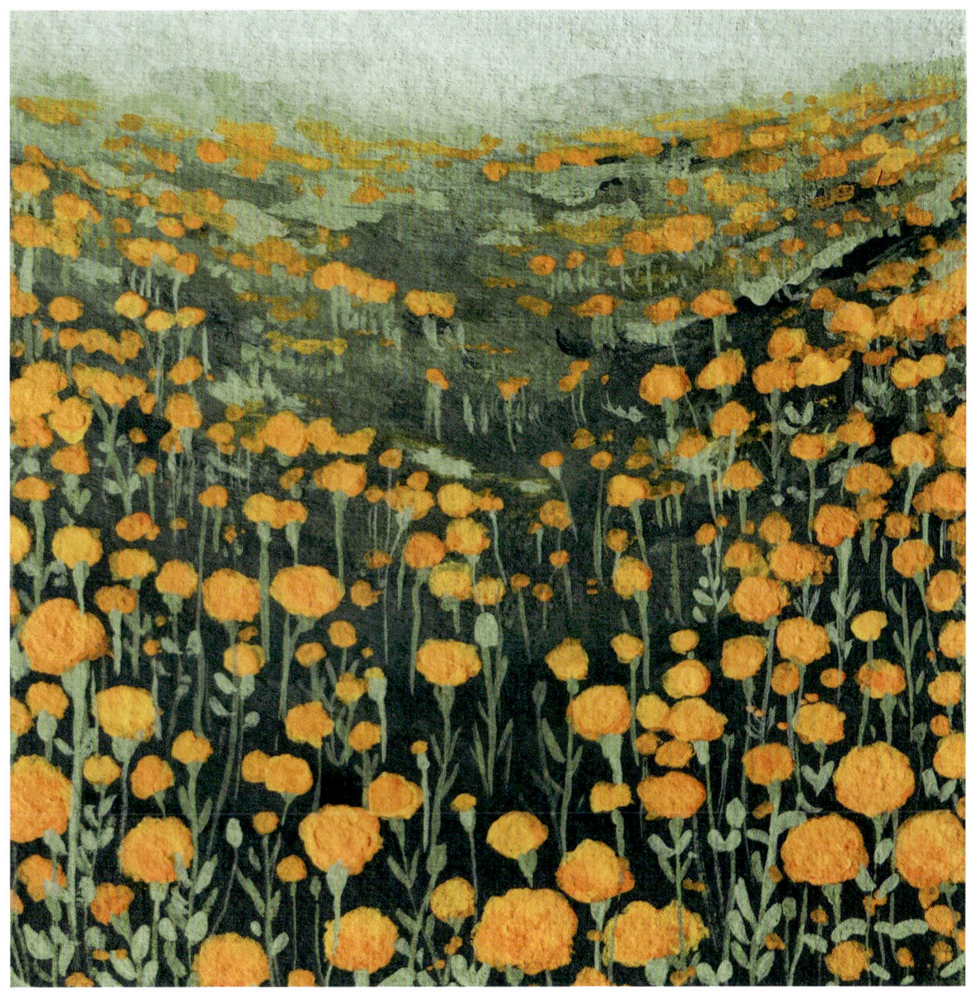

TIPP

Male immer über deinen Rand hinaus, so wirkt dein Bild natürlicher. Am einfachsten ist das, wenn du das Klebeband ignorierst, während du malst.

SONNENBLUME

Die Sonnenblume ist eine meiner Lieblingsblumen. Letztes Jahr hatte ich eine große auf meinem Balkon stehen, jeden Tag in ihrer Blütezeit habe ich mich an ihr erfreut und dieses Jahr habe ich ganz viele mit den Samen der letzten angepflanzt. Wenn ich Sonnenblumen sehe, steigt meine Laune immer direkt. Ich hoffe, deine Laune steigt in Zukunft immer genauso, wenn du deine gemalten Sonnenblumen siehst.

MISCHFARBEN

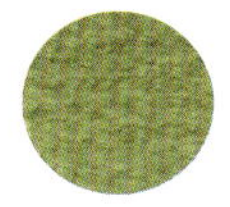 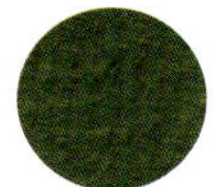 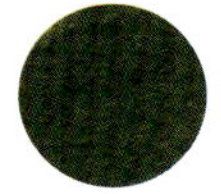  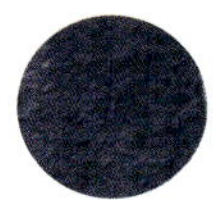 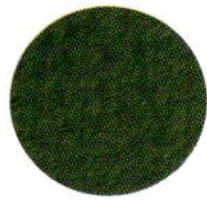 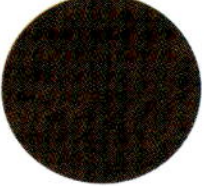 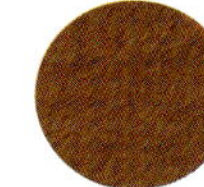 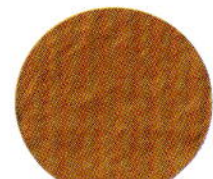 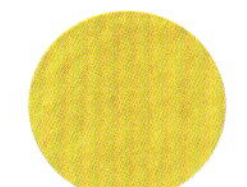

MATERIAL

breiter, flacher Pinsel
(Größe 8 – 10)

schmaler, runder Pinsel
(Größe 2 oder 3)

FARBEN

Ultramarinblau

Umbra gebrannt

Weiß

Englischrot

Olivgrün

Siena natur

Primärgelb

Indischgelb

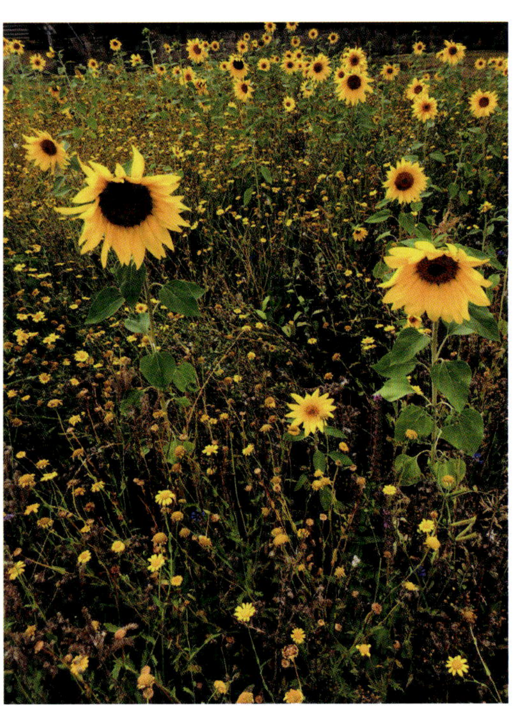

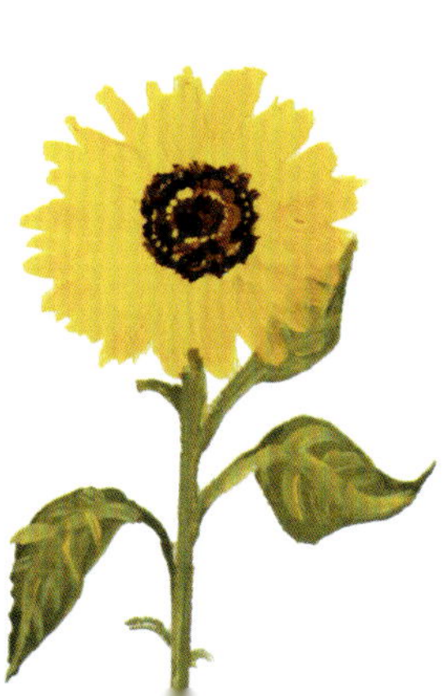

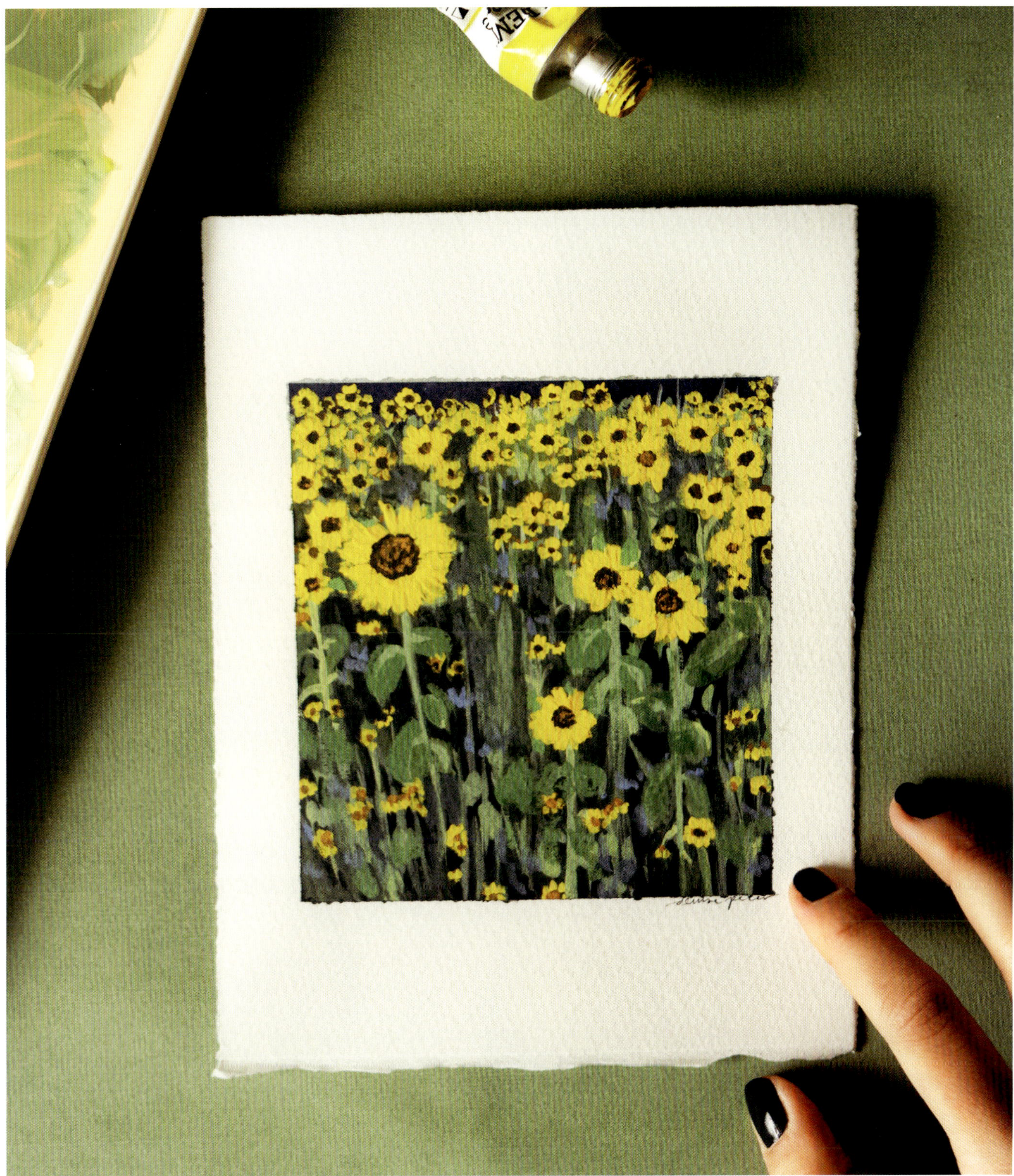

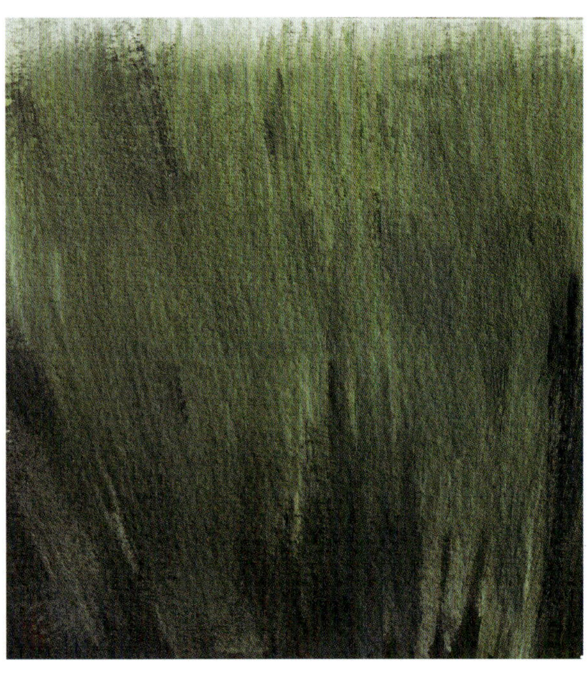

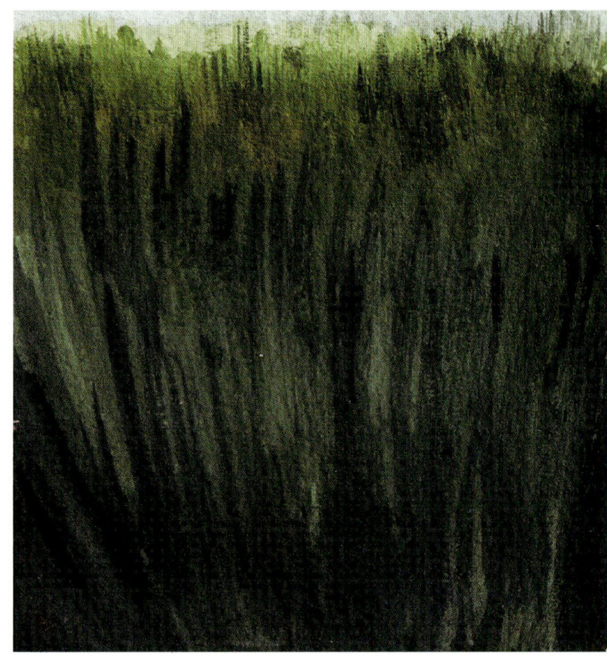

1. Den obersten Rand habe ich zunächst mit viel Weiß und sehr wenig Ultramarinblau gefüllt. Das ist einfach nur zum Flächefüllen gedacht, ich werde ihn später noch abändern. Mische dir aus Olivgrün, Ultramarinblau, Umbra gebrannt und Weiß unterschiedlich helle und dunkle Grüntöne und verwende die Seite eines großen flachen Pinsels, um damit Gras anzudeuten. Das Weiß kannst du bei den dunkleren Farbtönen weglassen. Fange oben am Bildrand mit der hellsten Farbe an und arbeite dich mit einer immer dunkler werdenden Farbe nach unten. Male dabei in seitlichen Strichen über die hellere Schicht, sodass alles schön ineinander übergeht.

2. Nimm deinen dunkelsten gemischten Farbton und male in seitlichen Strichen an willkürlichen Stellen deiner Grünfläche Striche rein. So bekommst du auf einfache Art automatisch mehr Tiefe.

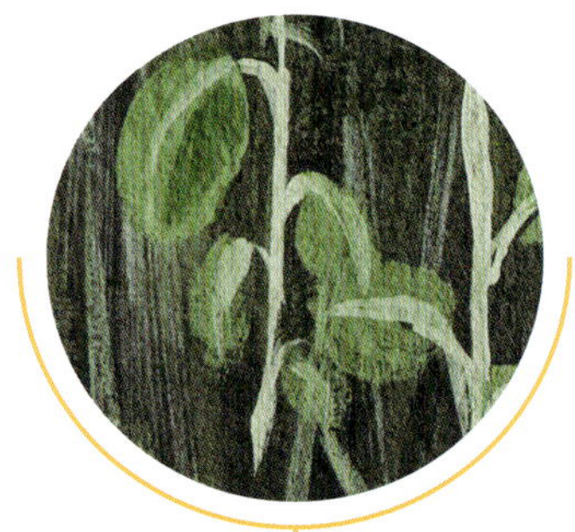

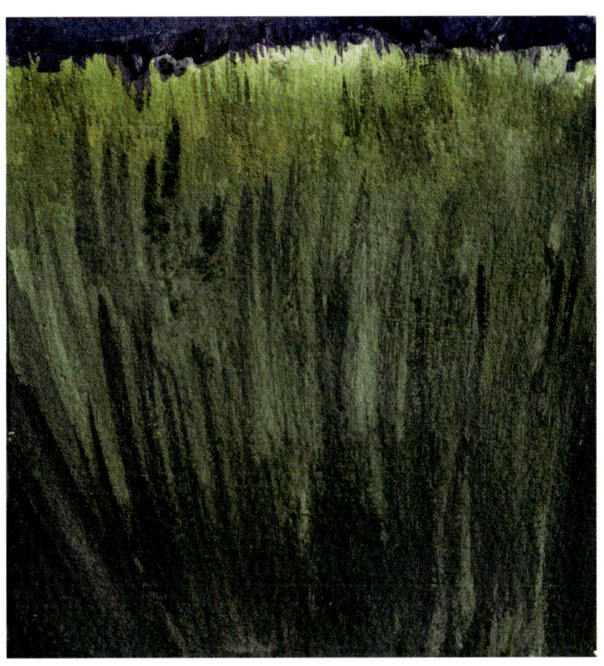

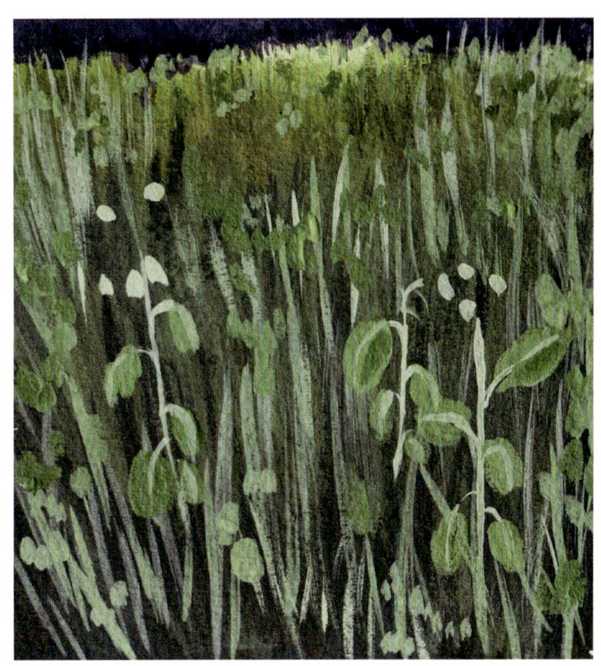

3. Ich habe mich dazu entschieden, wie auf dem Referenzbild mit viel Ultramarinblau und wenig Weiß einen sehr dunklen Hintergrund zu malen. So sieht es eher aus wie ein dunkelbläulicher Nachthimmel. Du kannst es natürlich so gestalten, wie es dir am besten gefällt. Beispielsweise könntest du hier auch mit mehr Weiß und weniger Ultramarinblau einen hellen, fröhlichen Himmel malen. Achte darauf, dass die grünen Striche im Hintergrund, die sich mit deinem Himmel treffen, mehr oder weniger sichtbar bleiben.

4. Für die Stiele der Sonnenblumen kannst du dir mit Olivgrün, Weiß und ein wenig Englischrot ein neutrales, helleres Grün mischen. Die Striche für die Stiele sollten weiter vorn im Bild genauer und breiter sein als hinten. Mit derselben Farbe kannst du auch bereits ein paar Blätter malen.

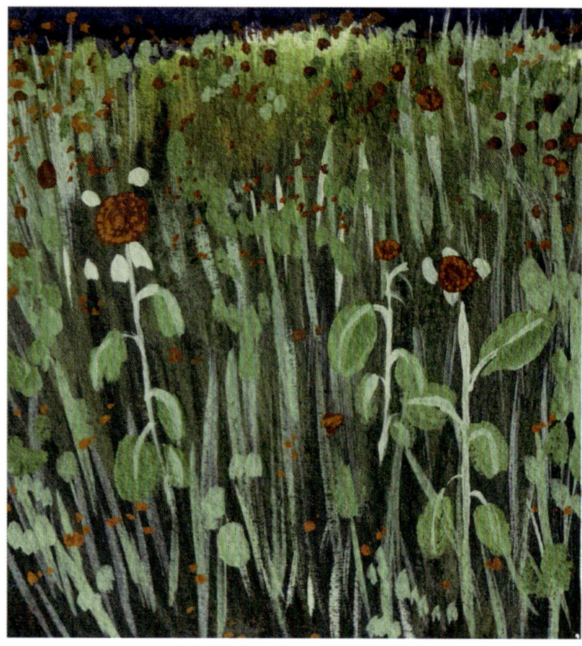

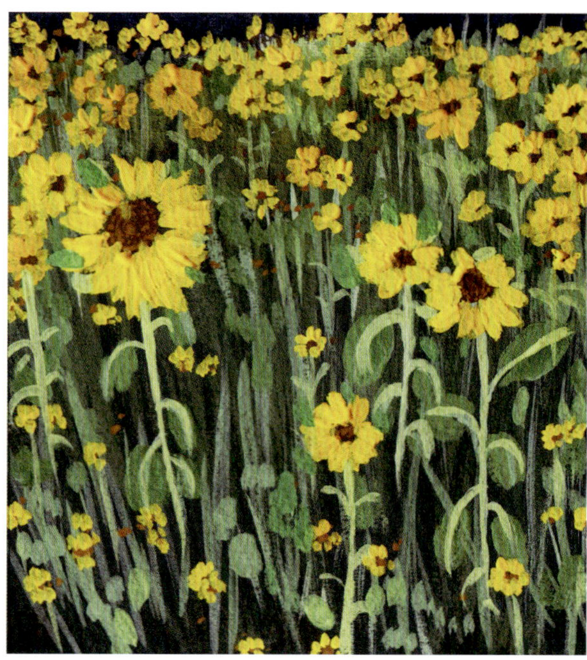

5. Mische dir für das Innere der Sonnenblumen einen dunkleren Braunton mit Siena natur und Umbra gebrannt und male dann auf dieses Innere ein paar Pünktchen in reinem Siena natur. Die Sonnenblumen, die sich weiter oben im Bild befinden, sind viel weiter weg und daher auch deutlich kleiner als die, die im Vordergrund stehen.

6. Die Farbe für die Blütenblätter der Sonnenblume kannst du dir mit Indischgelb, Primärgelb und Weiß mischen. Nutze das Weiß hierbei sparsam, es dient nur dazu, dir mehr Deckkraft zu geben. Ich mag es, wenn die Sonnenblumen eher buschig und abstrakt aussehen. Wenn du willst, dass die Sonnenblumen realistischer und feiner aussehen, kannst du jedes Blütenblatt mit einem schmalen Pinsel einzeln malen und dabei konkret auf die Vorlage achten.

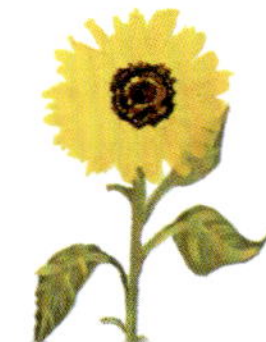

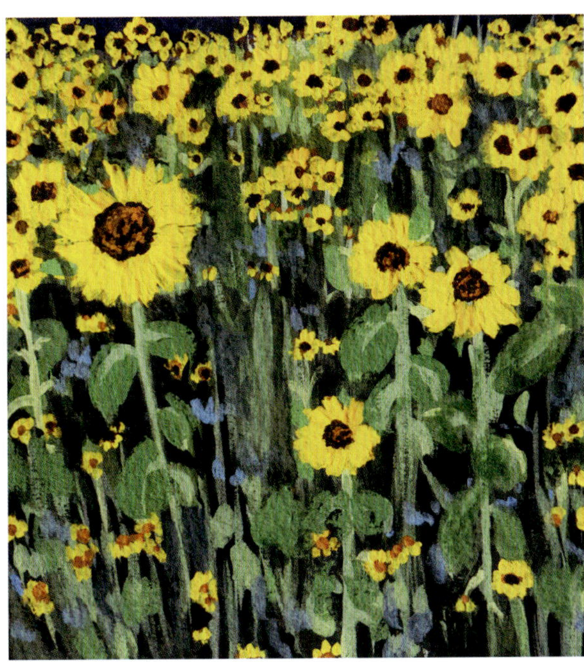

7. Ich habe im letzten Schritt noch einmal das Blüteninnere der Sonnenblumen mit Umbra gebrannt und Ultramarinblau verstärkt. Auch über die Pünktchen im Inneren bin ich noch mal mit Siena natur und Umbra gebrannt gegangen. Da das Gelb vorher nicht gut genug gedeckt hat, habe ich eine zweite Schicht darübergelegt. Mit einem hellen Lilaton, gemischt aus Englischrot, Ultramarinblau und ein bisschen Weiß, habe ich ein paar Tupfer zwischen meine Sonnenblume gemalt, das gibt einen tollen Kontrast.

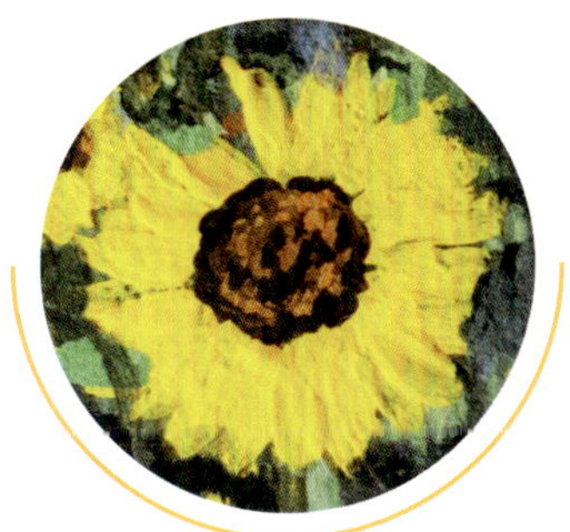

WILDBLUMEN

Das Referenzfoto ist vor ein paar Jahren mit meiner analogen Kamera in meiner Heimat entstanden. Inzwischen habe ich es gerahmt in meinem Atelier hängen. Die komplementären Farben der Wildblumen bringen mich immer wieder dazu, dieses Bild zu malen. Als ich gerade mit Gouache angefangen habe, habe ich dieses Bild eher abstrakt und mit einem Palettenmesser gemalt.

MISCHFARBEN

 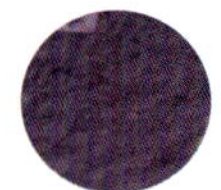  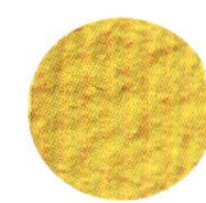  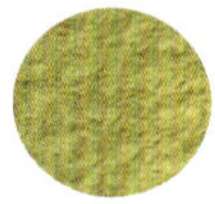 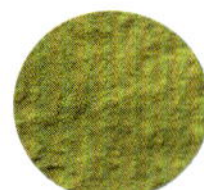 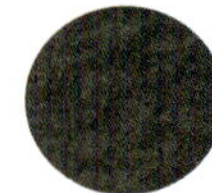 

MATERIAL

breiter, flacher Pinsel
(Größe 8 – 10)

schmaler, runder Pinsel
(Größe 2 oder 3)

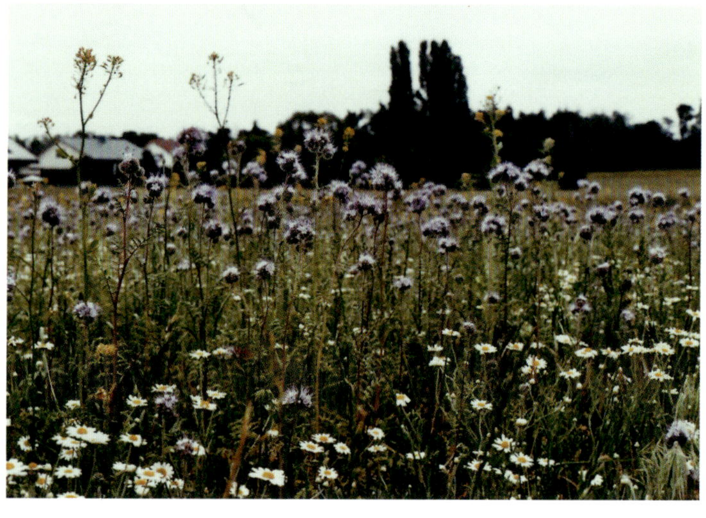

FARBEN

Weiß

Ultramarinblau

Umbra gebrannt

Weiß

Englischrot

Primärgelb

Indischgelb

Siena Natur

Olivgrün

Magenta

Krapplack Dunkel

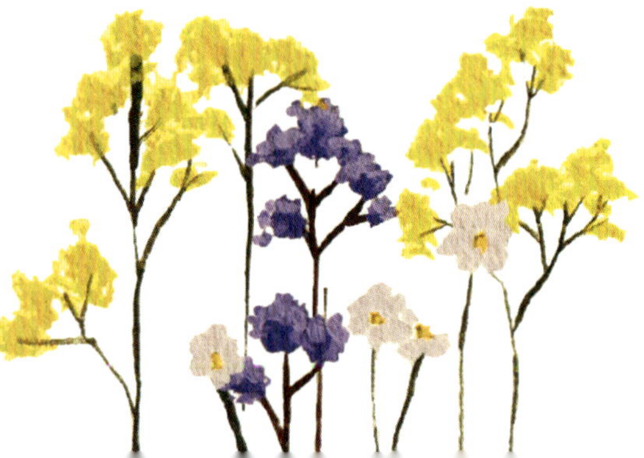

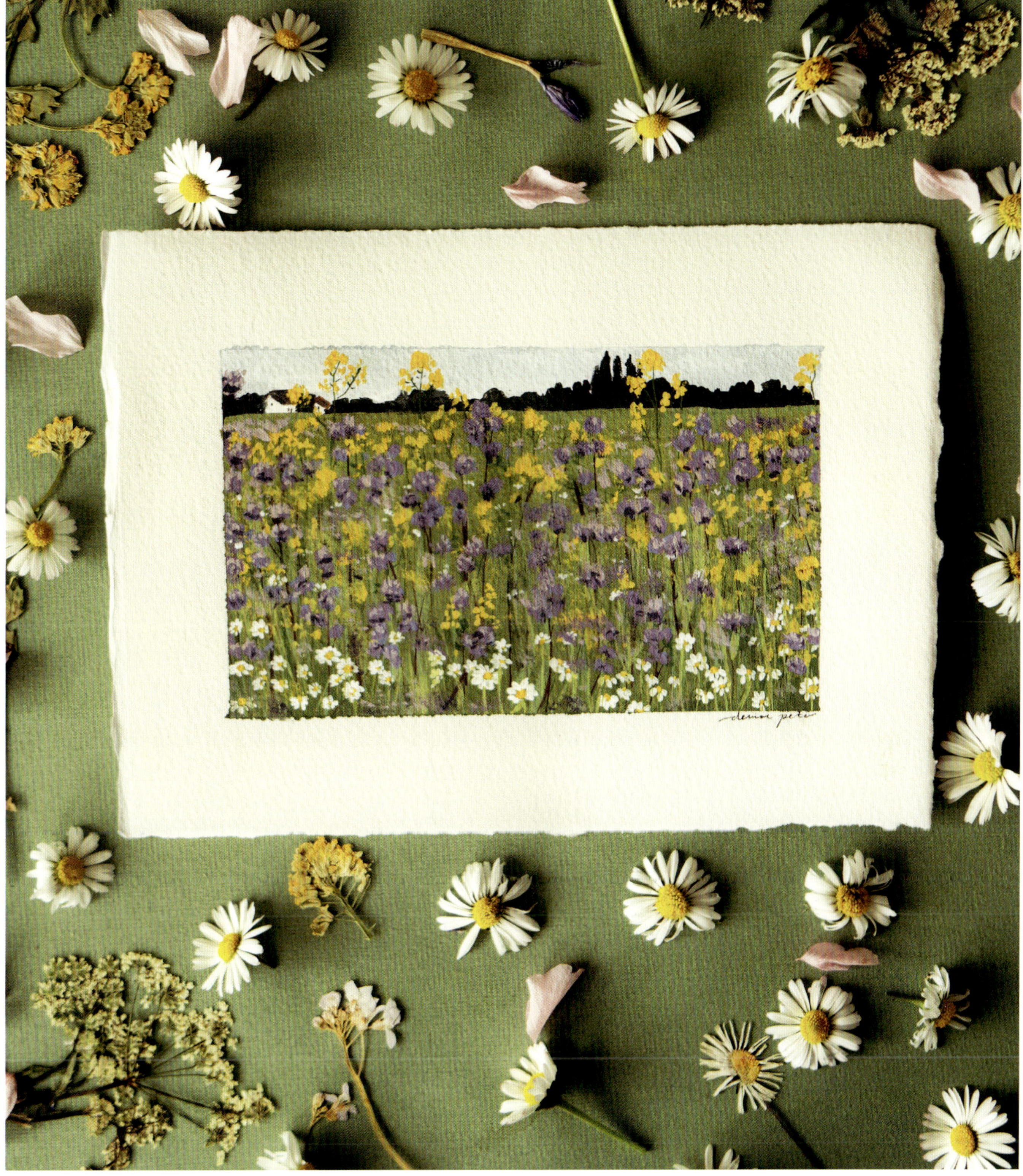

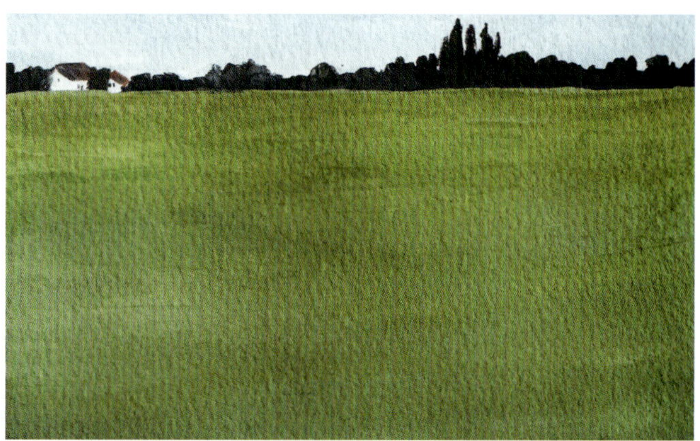

Mache dir mit Bleistift eine Skizze, in der du dir eine Horizontlinie und darauf grob die Bäume und Häuser, die du im Hintergrund haben willst, einzeichnest. Den Himmel kannst du mit einer Mischung aus Weiß und Ultramarinblau malen, die Wolken mit kleinen weißen Strichen daraufsetzen. Auf den trockenen Himmel kannst du nun auch schon die Bäume und Häuser malen. Für die Bäume mischst du dir Ultramarinblau und Umbra gebrannt, für die Häuser nimmst du Weiß, und für die Fenster und Dächer Umbra gebrannt mit Englischrot.

1. Für die Wiese mischst du dir Olivgrün, Weiß und Siena natur und malst sie mit seitlichen Strichen aus. Oben sollte die Wiese heller sein, dafür nimmst du mehr Weiß. Weiter unten wird die Wiese dunkler, dafür kannst du in dein bereits gemischtes Grün etwas Ultramarinblau mischen. Verblende die Farben miteinander, solange sie noch nass sind. Mit einer aus Siena natur und Primärgelb gemischten Lasur kannst du danach noch über den oberen Teil deiner Wiese malen.

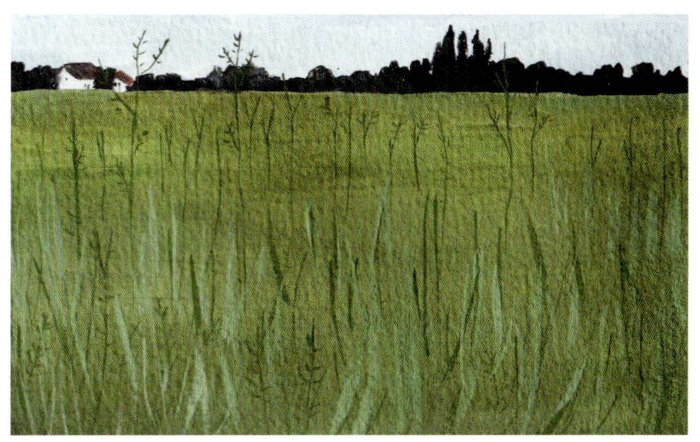

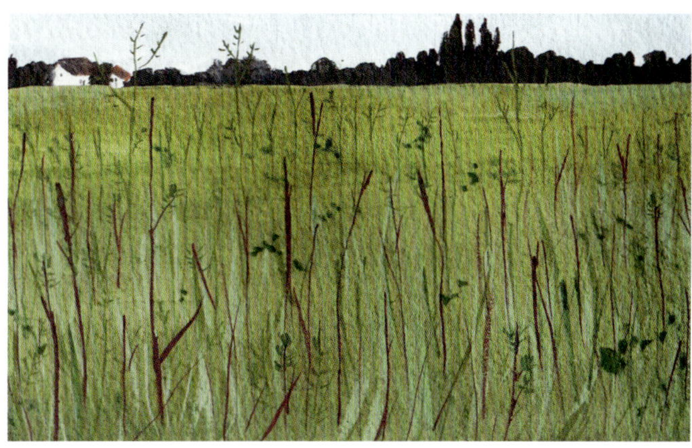

2. Mit Olivgrün, Ultramarinblau, Primärgelb und Englischrot mischst du dir einen eher dezenten Grünton. Diesen nimmst du mit einem schmalen Pinsel auf und malst damit die Halme für die gelben Blumen. Achte darauf, wie weit die Pflanzen in den Himmel reinragen. Anschließend mischst du zu der Farbe noch ein bisschen Weiß und malst weitere Gräser zwischenrein, hauptsächlich in den Vordergrund deines Bildes.

3. An die dunkleren Halme malst du mit demselben Grünton kleine filigrane Striche, die als Blätter dienen sollen. Für die Halme der lilafarbenen Blüten mischst du dir mit Krapplack dunkel und Ultramarinblau ein dunkles Weinrot. Achte dabei auch auf die Verzweigungen. Krapplack dunkel kannst du auch durch jedes andere dunkle Rot ersetzen oder alternativ mehr Ultramarinblau mit Magenta mischen.

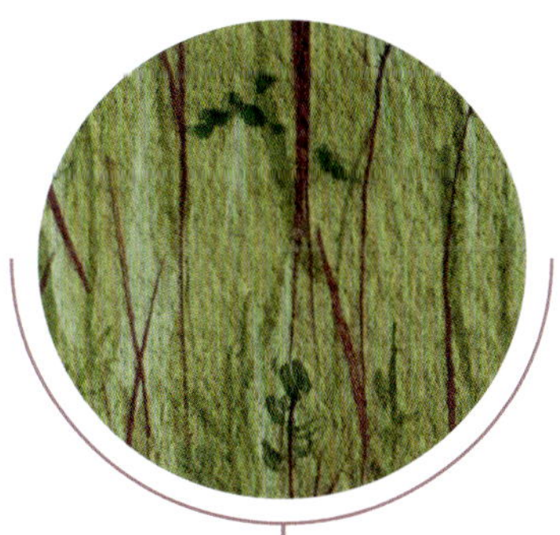

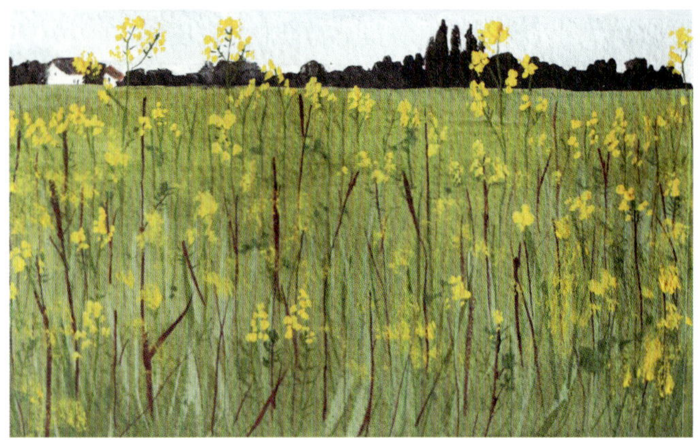

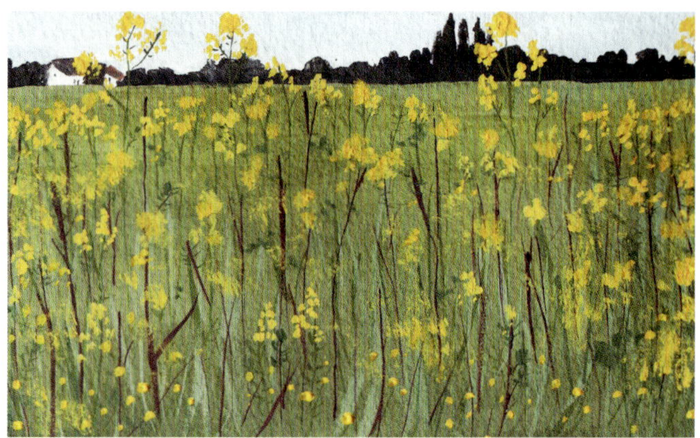

4. Male zuerst die gelben Blüten mit Indischgelb, Primärgelb und Siena natur und vielleicht ein bisschen Weiß. Tupfe sie möglichst klein auf. Tupfe auch weiter, wenn du kaum noch Farbe an deinem Pinsel hast. Mit dem trockenen Pinsel kannst du auf deine Grünfläche tupfen, auch ohne die Gräser und anderen Halme zu bedenken.

5. Mische dir einen dunkleren Gelbton mit mehr Indischgelb. Damit kannst du noch mal über ein paar Stellen deiner bereits getupften gelben Blumen malen. Diese Farbe verwendest du außerdem für das Blüteninnere der Kamille im Vordergrund, welche du bis zum unteren Rand deines Bildes verteilst.

TIPP

Für mehr Textur kannst du hier zusätzlich mit deinen Buntstiften arbeiten, sobald das Bild getrocknet ist. Damit lässt sich auch gut der Hintergrund der Wiese überarbeiten.

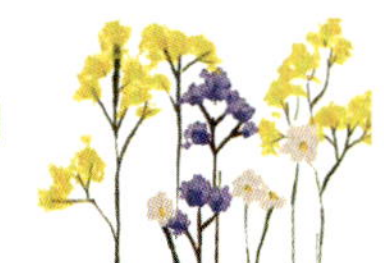

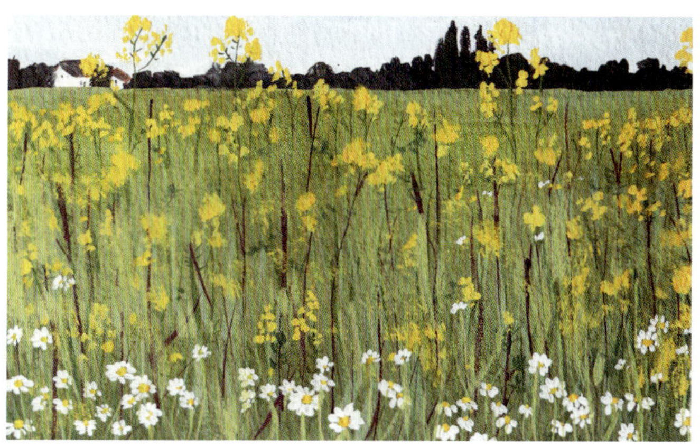

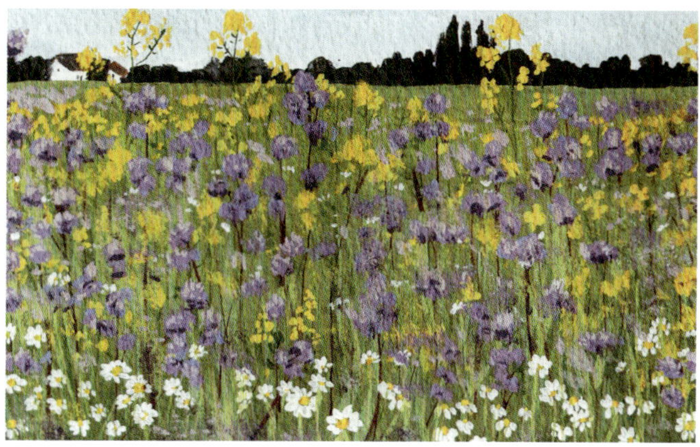

6. Die Blütenblätter der Kamille malst du mit Weiß und einem schmalen Pinsel. Mit der restlichen Farbe auf deinem Pinsel kannst du noch ein paar Kamillen im Hintergrund andeuten, indem du dort ein paar leichte Tupfer setzt.

7. Für die lila Blumen mischst du dir Magenta mit Ultramarinblau und Weiß und tupfst damit auf die weinroten Grashalme, die du bereits gemalt hast. Die Blüten haben leicht fliederfarbene kleine Stachel, dafür mischst du dir deinen Lilaton mit mehr Weiß. Mit dieser Farbe tupfst du anschließend in deine Grünfläche im Hintergrund. Mische dir dann einen dunkleren Lilaton mit mehr Ultramarinblau und setze etwas davon an die Unterseite deiner Blumen. Ganz am Ende kannst du dir noch einen hellen Grünton mischen und damit die Stängel für die Kamille malen.

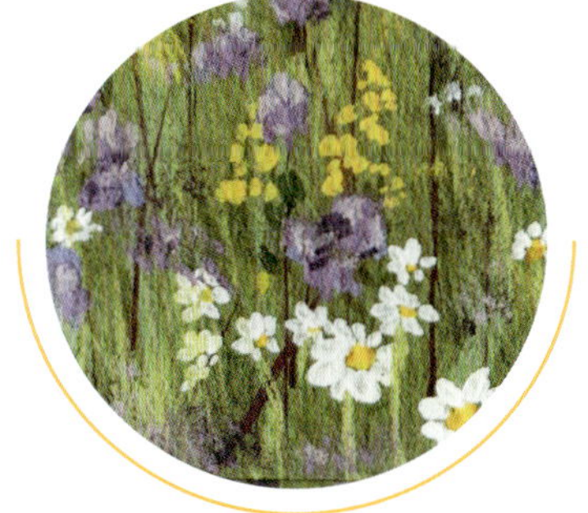

MARGERITEN

Margeriten sehen so besonders aus, finde ich. So klein und unscheinbar. Hierfür hatte ich gar keine bestimmte Referenz, für die Form der Blüten habe ich dieses Foto gefunden, das ich mal auf einer Wiese gemacht habe, und den Rest vom Bild, den denken wir uns!

MISCHFARBEN

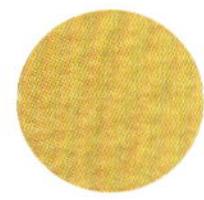 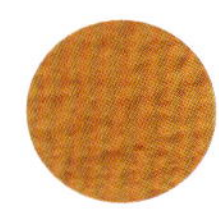 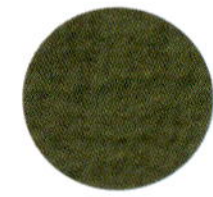   

MATERIAL

breiter, flacher Pinsel (Größe 8 – 10)

schmaler, runder Pinsel (Größe 2 oder 3)

FARBEN

Ultramarinblau

Umbra gebrannt

Weiß

Magenta

Siena natur

Primärgelb

Indischgelb

Olivgrün

Neapelgelb

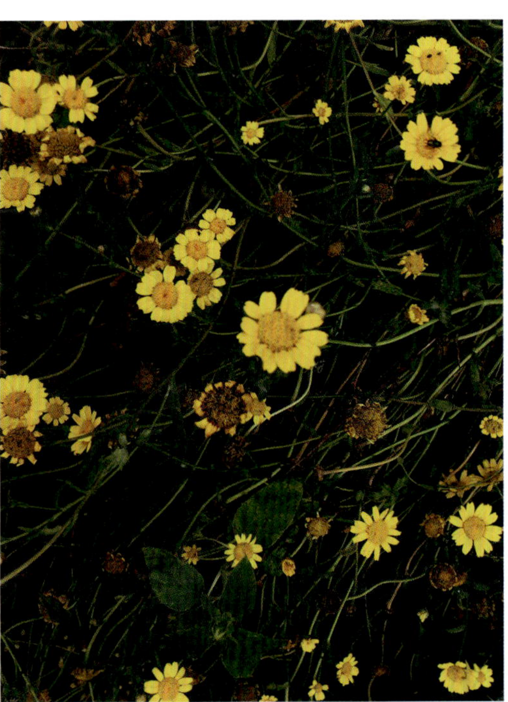

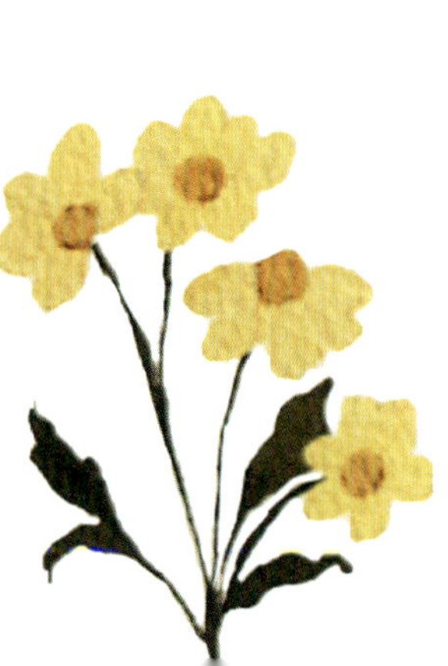

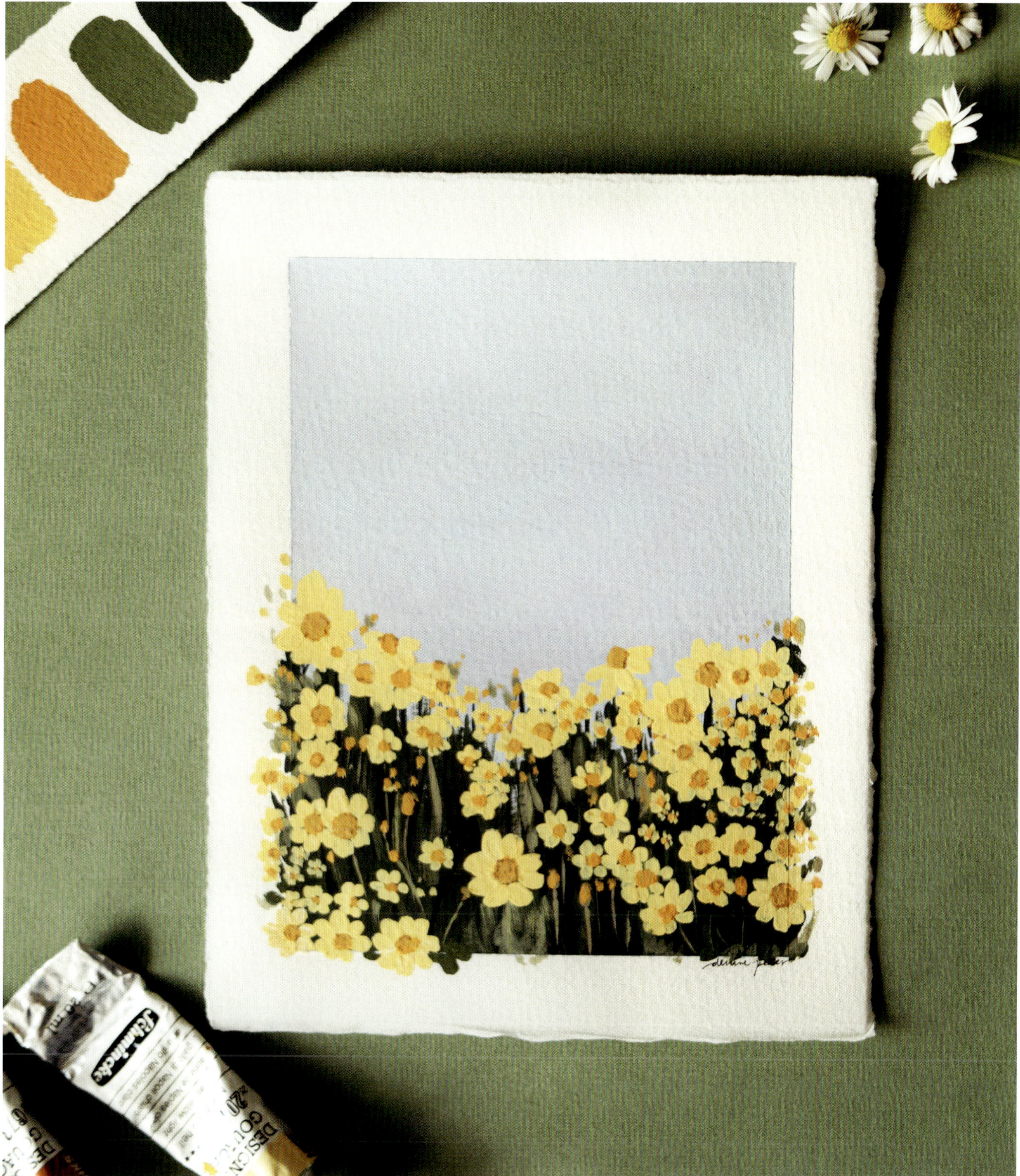

1. Zunächst gestaltest du einen hellblauen Hintergrund, der als dein Himmel dienen soll, vor dem später deine Margeriten wachsen. Für das Hellblau mischst du dir viel Weiß mit Ultramarinblau und ein bisschen Magenta. Im Prinzip kannst du hierfür jeden Blauton wählen, den du willst, dieser sollte nur mit viel Weiß gemischt werden, damit du den Kontrast zu den Blumen behältst. Mit diesem Farbton kannst du jetzt mit einem großen Pinsel dein komplettes Papier bemalen.

2. Am unteren Rand deines Bildes malst du mit einem großen Pinsel und einem dunklen Grün aus Ultramarinblau, Umbra gebrannt, Siena natur und Olivgrün den Hintergrund deiner Margeriten. Benutze dafür deinen Pinsel seitlich und ziehe unterschiedlich hohe Striche. Für mehr Tiefe und einen lebendigen Hintergrund mische dir mehrere Grüntöne und tupfe damit auf deine Grünfläche. Du kannst auch Weiß und Neapelgelb benutzen. Danach nimmst du einen kleineren Pinsel und mischst dir einen sehr dunklen Grünton mit mehr Umbra gebrannt und Ultramarinblau. Male damit feine, unterschiedlich lange und kurze Striche, die auch ruhig in deinen Himmel ragen können.

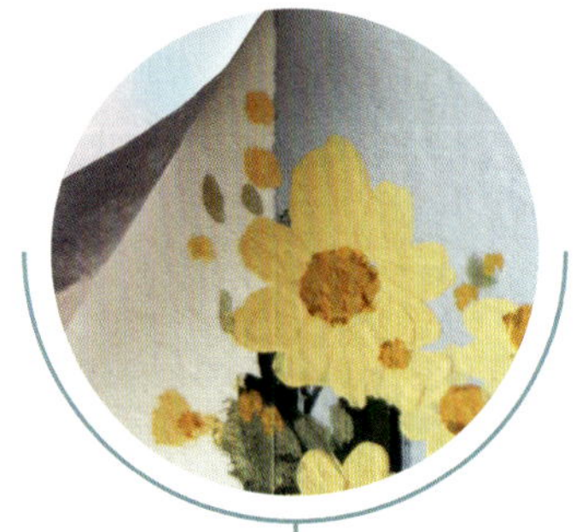

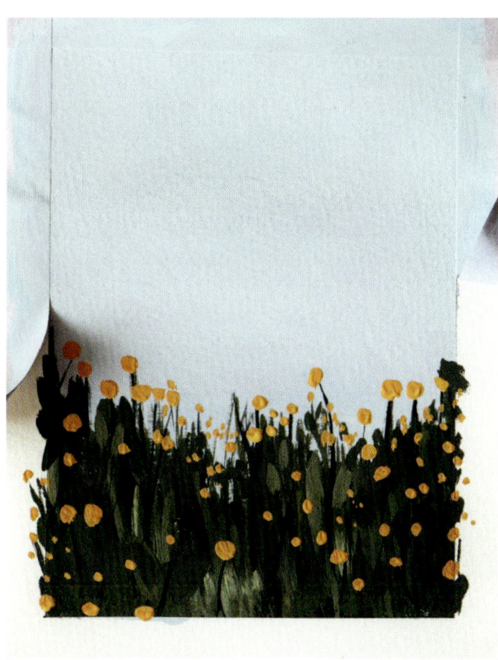

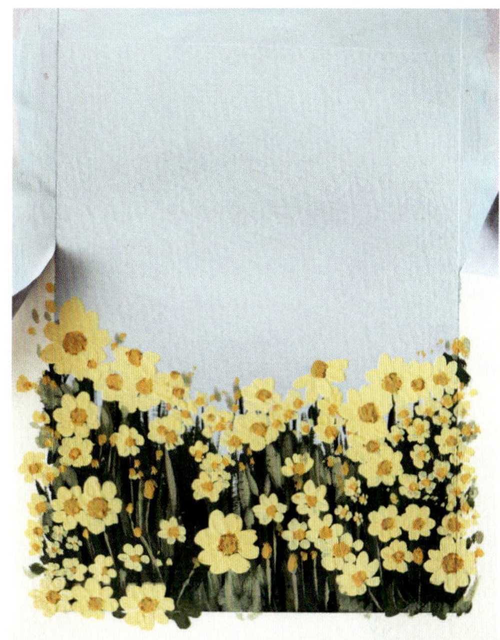

3. In diesem Schritt malst du das Innere deiner Blüten. Mische dir hierfür Indischgelb mit Siena natur und ein bisschen Neapelgelb oder Weiß. Damit es gut deckt, brauchst du bestimmt zwei Schichten. Das Blüteninnere muss nicht kreisrund sein, auch eine ovale Form ist völlig in Ordnung. Achte darauf, unterschiedlich große und kleine Tupfer zu machen, vorne größere Lücken zu lassen und die Tupfer weiter hinten (also oben im Bild) enger aneinanderzusetzen.

4. Für die Blüten mischst du dir ein pastelliges Gelborange mit Indischgelb, sehr wenig Magenta und viel Weiß. Du kannst dir auch eine andere Farbe mischen, Margeriten gibt es ebenso in Weiß oder Rosa und vielen weiteren Farben. Je nach Sorte sehen auch die Blüten unterschiedlich aus. Diese malst du am besten mit einem dünnen Pinsel und machst für jedes Blütenblatt einen eigenen Pinselstrich. Als letztes Detail mischst du dir in deine Farbe für das Blüteninnere noch mehr Umbra gebrannt und tupfst damit an den Rand von diesem.

TIPP

Ich mag es, wenn meine Blumen über den Rand hinausragen, daher habe ich an dieser Stelle das Klebeband bereits abgezogen und ein paar Stängel rauswachsen lassen.

ORANGENBAUM

Stelle dir vor, du liegst in Marrakesch in einem Garten voller Rosen und Kräutern, bei angenehmer Sonne und um dich herum blühen die schönsten Orangenbäume. Es duftet erfrischend und belebend, du bist unbesorgt und voller Energie, streifst durch den Garten und fotografierst und skizzierst alles, was dir über den Weg läuft. Diese Erinnerungen behalte ich lächelnd im Kopf und die Orangenbäume von Marokko, die male ich immer wieder sehr gern.

MISCHFARBEN

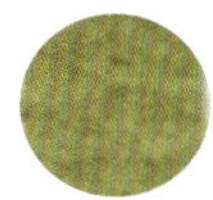 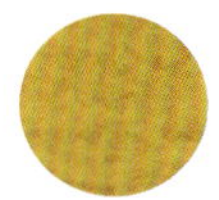 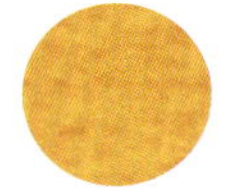 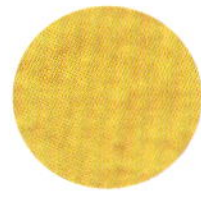 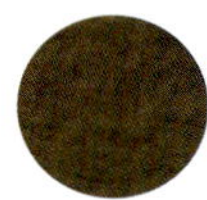  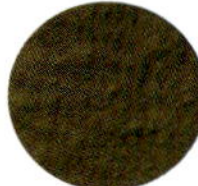  

MATERIAL

breiter, flacher Pinsel (Größe 8 – 10)

kleiner, runder Pinsel (Größe 1 – 3)

FARBEN

Weiß

Umbra gebrannt

Ultramarinblau

Magenta

Indischgelb

Primärgelb

Siena natur

Englischrot

Olivgrün

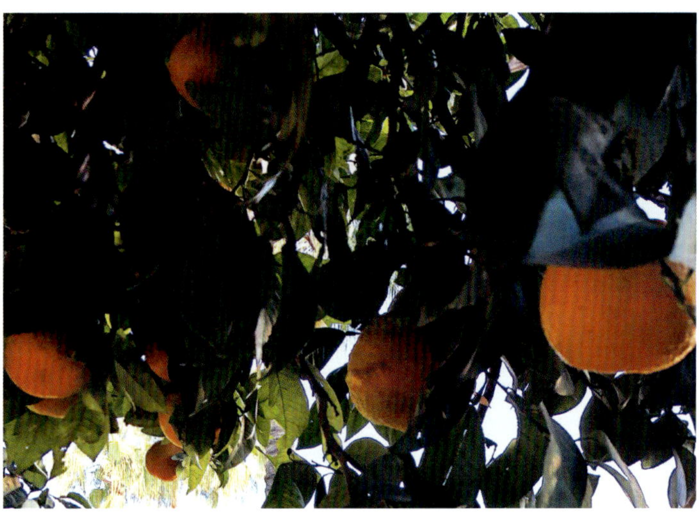

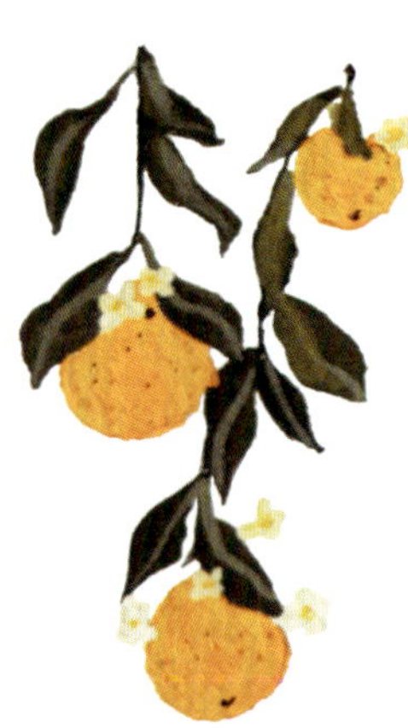

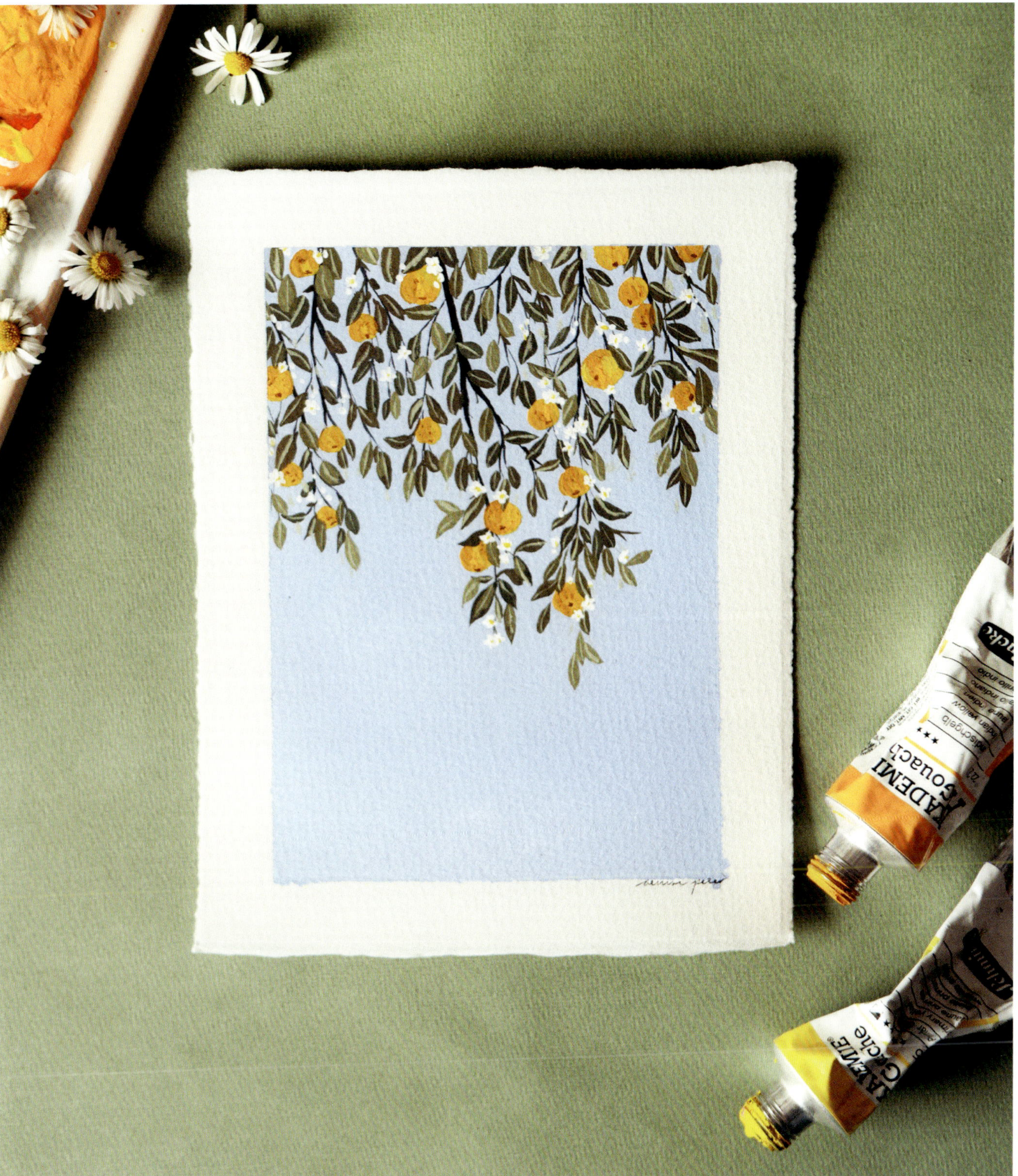

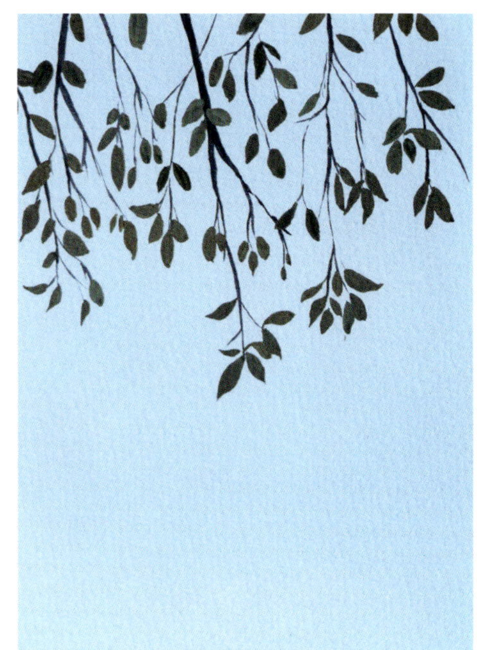

1. Für den Himmel mischst du dir ein sehr fröhliches, helles Blau mit Ultramarinblau, ein kleines bisschen Magenta und viel Weiß. Damit bedeckst du mit einem großen Pinsel und kleinen Strichen die gesamte Bildfläche.

2. Mit Ultramarinblau und Umbra gebrannt mischst du dir das dunkle Braun für deine Äste. Nimm dafür einen kleinen runden Pinsel und halte diesen senkrecht zum Papier. Fange langsam an, die Äste von deinem oberen Bildrand aus herunterranken zu lassen. An diese Äste kannst du auch schon ein paar Blätter malen. Das Grün dafür mischst du dir mit Olivgrün, Ultramarinblau und ein wenig Englischrot.

TIPP

Wenn du möchtest, dass dein Orangenbaum blüht, kannst du mit Weiß noch kleine Blüten dazumalen. Das Innere dieser Blüten ist gelborangefarben.

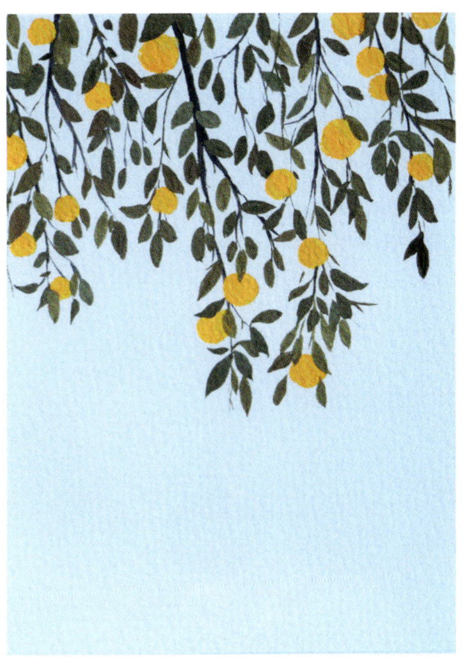

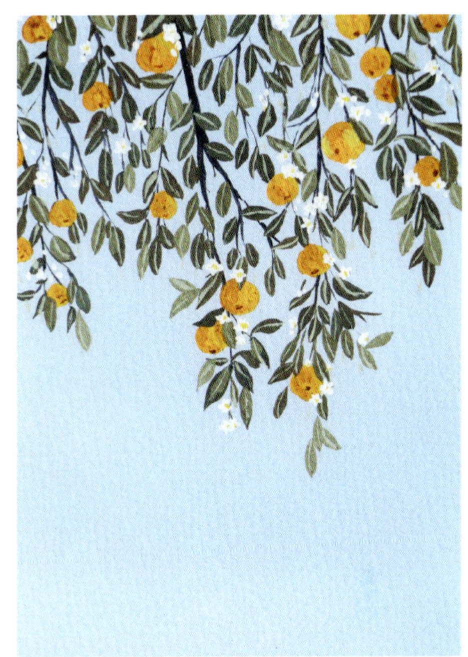

3. In diesem Schritt platzierst du auch schon die Orangen, deren Farbton du dir mit Indischgelb und ein wenig Siena natur mischst. Dabei kannst du dich an der Vorlage orientieren, aber auch ein paar Orangen dazu erfinden. Die Orangen können ruhig unterschiedlich groß sein. Mische ein wenig Weiß und Siena natur zu deinem bereits gemischten Grün und füge weitere Blätter hinzu. Versuche, die Blätter auch ein bisschen über die Orangen wachsen zu lassen.

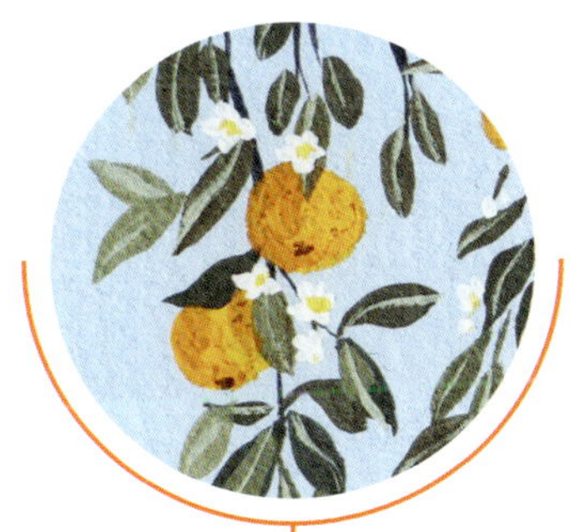

4. Wenn du mit dem Aufbau deines Orangenbaumes zufrieden bist, kommen die Details. Ich habe mit einem etwas helleren Grünton weitere Blätter hinzugefügt, damit der Baum buschiger aussieht. Mische in diesen Grünton mehr Weiß und male damit die Blattadern. Auf den Orangen kannst du mit einem helleren Gelbton, Indischgelb mit Primärgelb gemischt, noch ein paar Highlights setzen. Mit Umbra gebrannt setzt du ganz kleine Pünktchen auf deine Orangen und malst den Strunk, der ein bisschen größer ist als die Pünktchen und fast kreuzförmig.

RAPS

Du kannst dir gar nicht vorstellen, wie viele Fotos ich von diesem prächtigen Rapsfeld auf meinem Handy habe! Ich habe im April ständig nach Rapsfeldern Ausschau gehalten und mich so gefreut, als ich endlich eins gefunden habe. Und was für eines! Die leuchtende gelbe Farbe im Kontrast zum hellgrau-bläulichen Himmel ist einfach perfekt zum Malen.

MISCHFARBEN

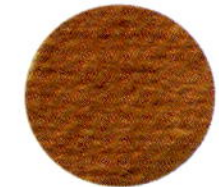 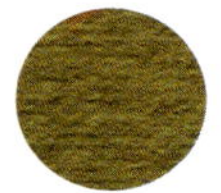 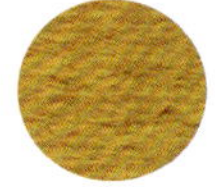 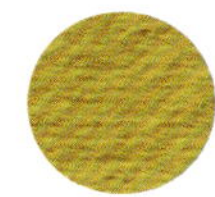 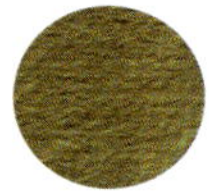 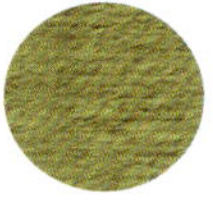 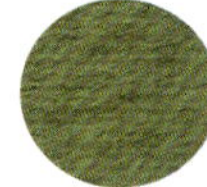  

MATERIAL

breiter, flacher Pinsel (Größe 8 – 10)

schmaler, runder Pinsel (Größe 3 oder kleiner)

FARBEN

Ultramarinblau

Umbra gebrannt

Primärgelb

Magenta

Siena natur

Weiß

Englischrot

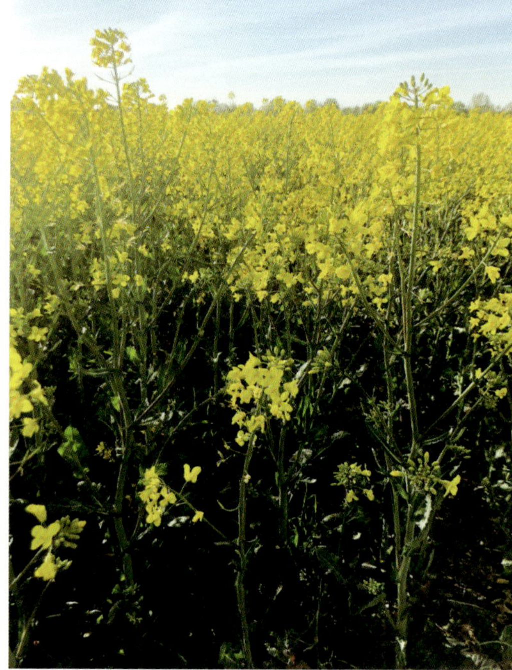

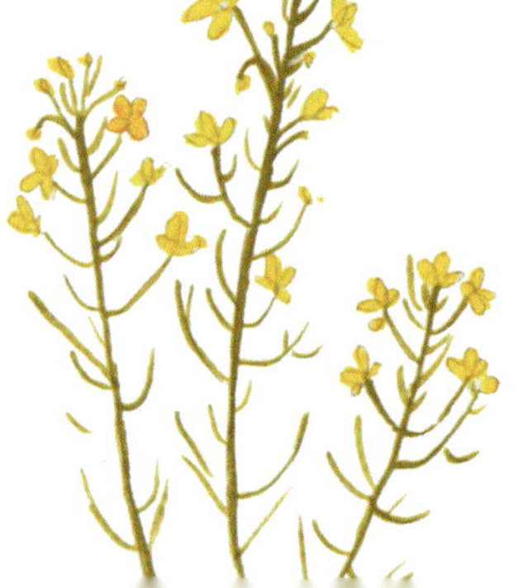

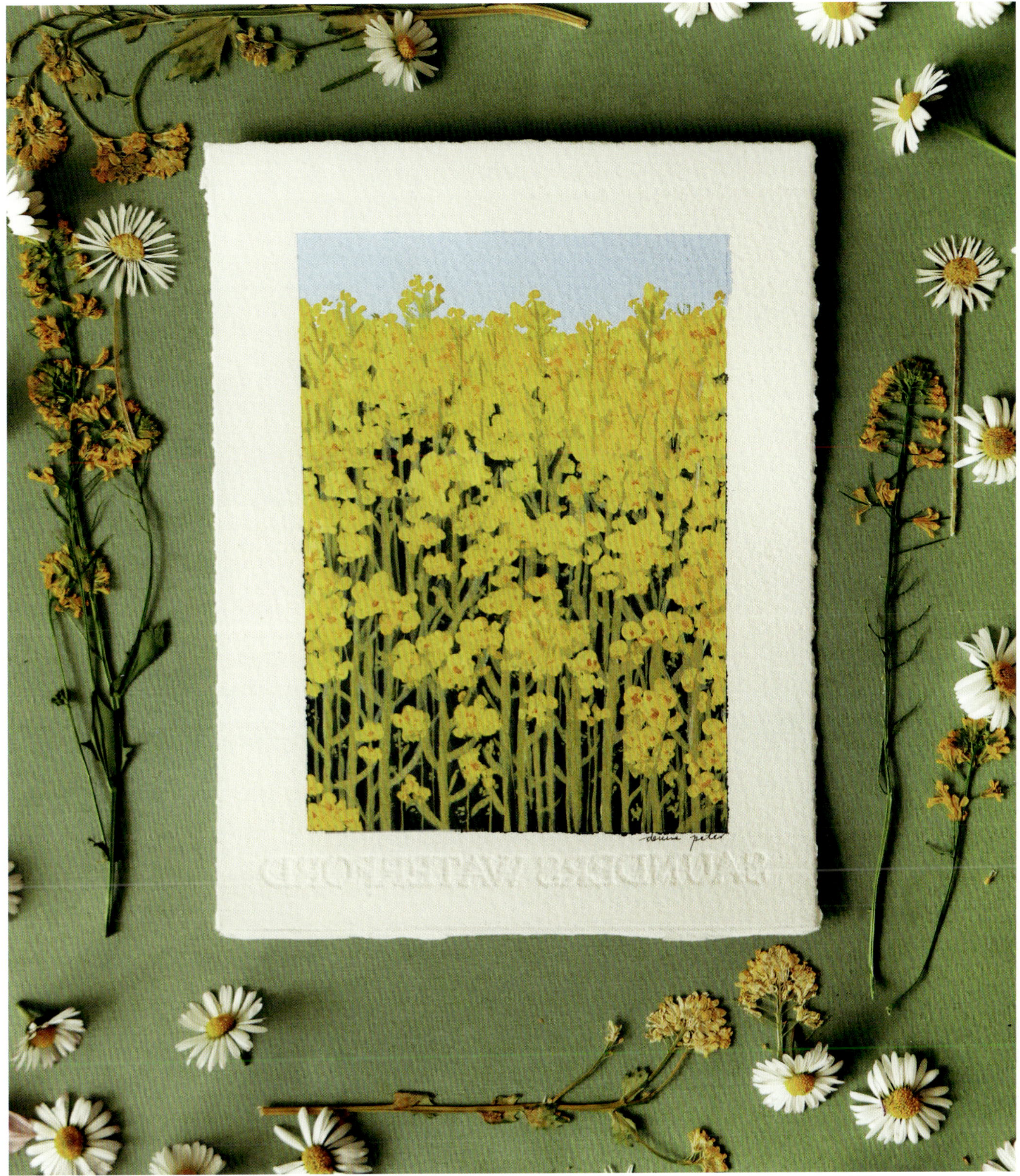

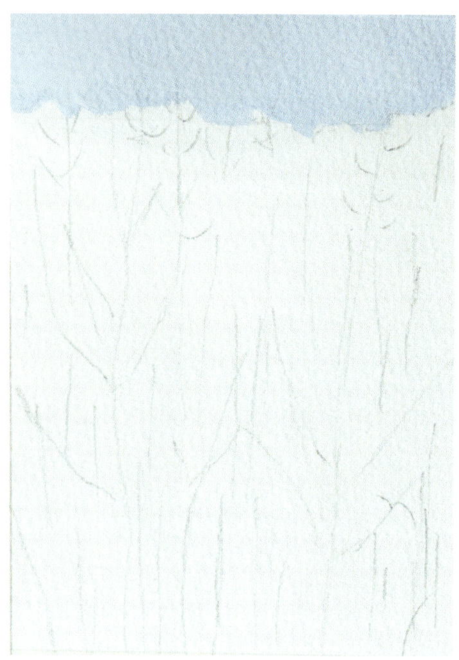

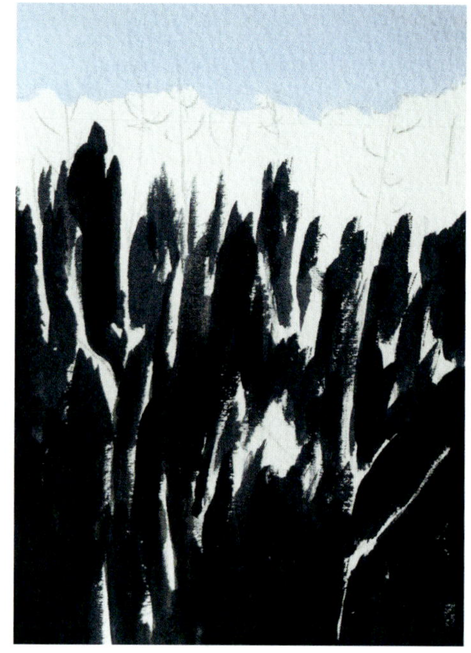

1. Fange mit einer groben Skizze an, zeichne dir mit einem Bleistift die größten Rapsblüten ein, dann hast du auch eine Richtlinie für den Himmel. Für diesen mischst du dir Ultramarinblau mit ein wenig Magenta und viel Weiß. Das wird dann ein fröhlicher, hellblauer Himmel. Du könntest aber statt dem Magenta auch Umbra gebrannt reinmischen, dann wird der Himmel eher hellblau-gräulich.

2. Mit einem sehr dunklen Grün, gemischt aus Ultramarinblau, Umbra gebrannt und Primärgelb, kannst du jetzt anfangen, deinen Hintergrund aufzubauen. Spare dabei, so gut es geht, die eingezeichneten Stängel aus und auch den oberen Bereich, da dieser hauptsächlich nur Gelb wird.

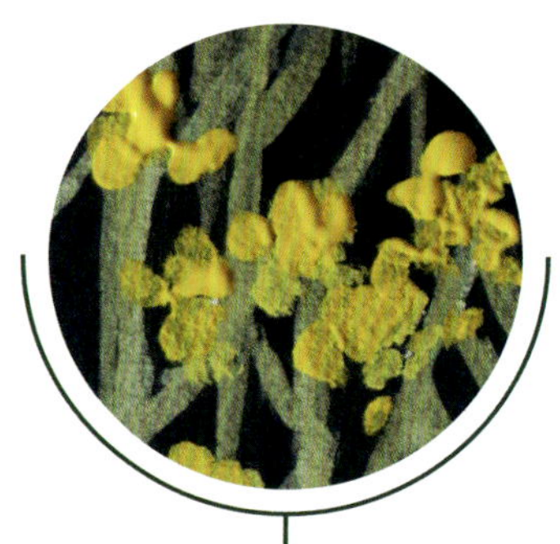

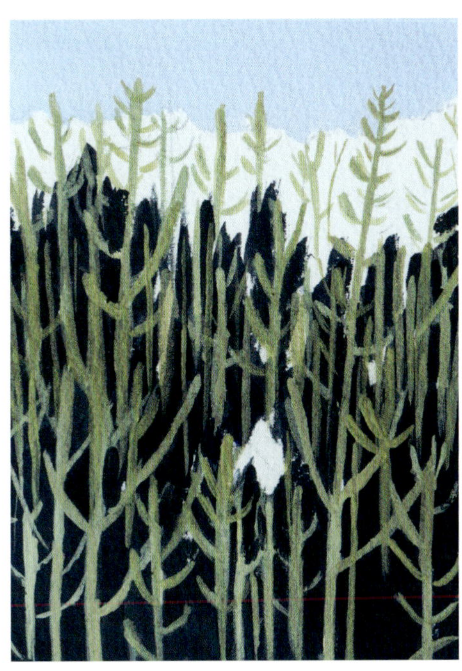

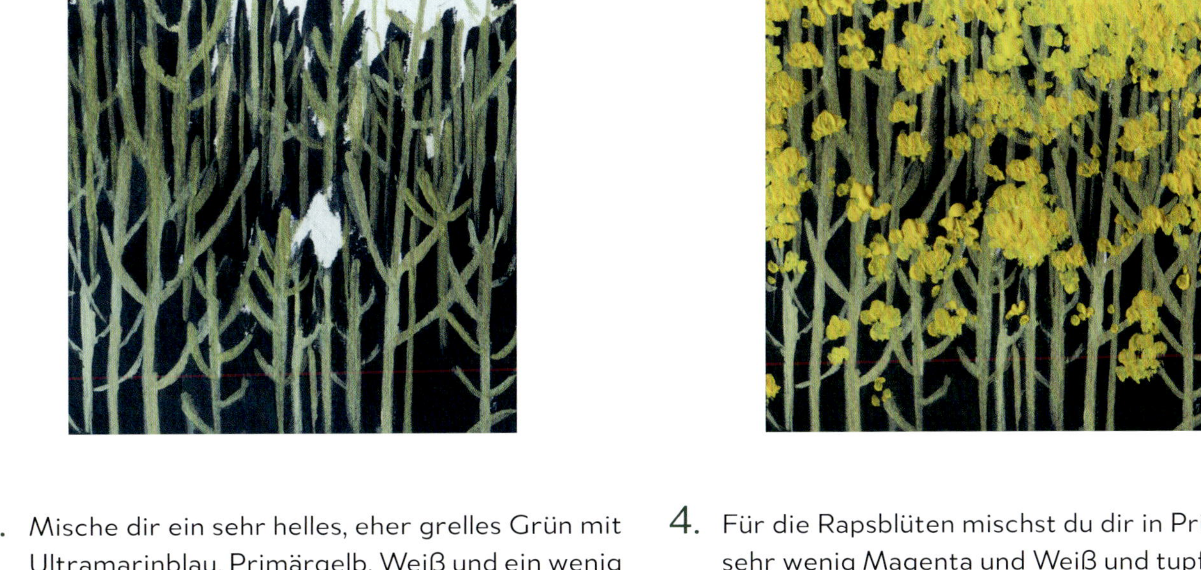

3. Mische dir ein sehr helles, eher grelles Grün mit Ultramarinblau, Primärgelb, Weiß und ein wenig Englischrot, damit malst du jetzt die Stängel der größten Rapsblüten und die kleineren seitlichen Triebe. Versuche, die Striche so dünn wie möglich zu machen. Die Farbe wird nach und nach aufgebaut, zunächst sollte sie einfach heller sein als deine Hintergrundfarbe. Falls dein Hintergrund zu hell ist, kannst du mit einer weiteren Schicht noch einmal darübermalen.

TIPP

Arbeite in mehreren Schichten und achte dabei auf den steigenden Kontrast zum Hintergrund.

4. Für die Rapsblüten mischst du dir in Primärgelb sehr wenig Magenta und Weiß und tupfst damit mit einem kleinen runden Pinsel die einzelnen Blüten auf. Mische dir aus dieser Grundfarbe unterschiedliche Gelbtöne und arbeite in mehreren Schichten. Versuche, nicht direkt zu große Flächen zu bedecken, sondern mache lieber kleine Tupfer. Achte dabei auf die Vorlage, wo genau sich Rapsblüten im Bild befinden, und darauf, dass nicht alles zu einer großen gelben Masse verschwimmt. Vor allem die Blüten, die in den Himmel ragen, sollten erkennbar und eher klein sein. Im unteren Teil deines Bildes kannst du auch ein paar einzelne Pünktchen setzen.

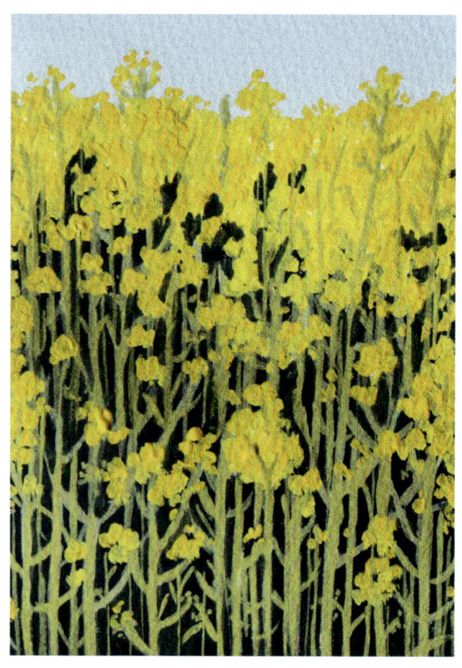

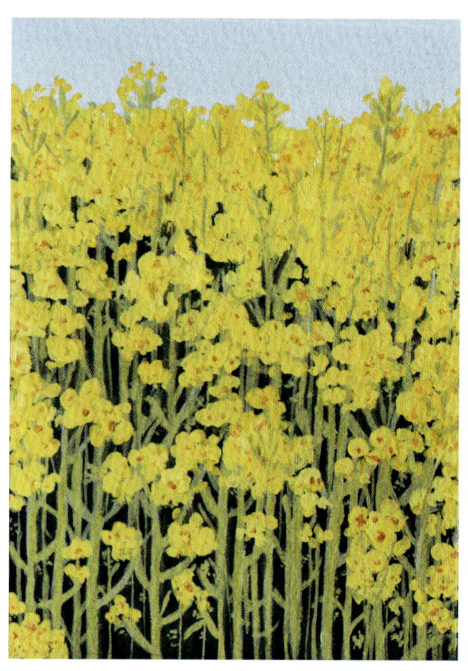

5. In diesem Schritt baust du weiter deine Stängel auf. Mische dir hierfür ein helleres, grelleres Grün als zuvor, mit mehr Gelbanteil und gehe damit über deine bisherigen Stängel. Male auch weitere dazu, die aber viel dünner sind als die anderen. Raps ist sehr zaunartig aufgebaut, die Linien können also ruhig direkt nebeneinander sein. Male mit dieser Farbe auch ganz kleine Pünktchen zwischen deine Stängel und ein paar Triebe, die über deine gelben Blüten gehen. Mische dir dann noch einmal dein dunkelstes Grün und gehe mit dieser Farbe weiter oben zwischen die Blüten.

6. Damit deine Blüten plastischer werden, mischst du dir weitere Gelbtöne mit mehr Weiß und gehst damit noch mal über manche der bestehenden Blüten. Dabei kannst du auch zusätzlich weitere Blüten auftupfen, sodass deine Rapswiese schön voll wird. Wenn du mit deinem Raps zufrieden bist, mischst du dir ganz am Ende mit Primärgelb und ein wenig Englischrot ein helles Orange und tupfst damit kleine Pünktchen in die Mitte deiner Rapsblüten. Da die Blütenmitte an manchen Stellen nicht so ganz ersichtlich ist, kannst du dort einfach willkürlich verteilt kleine Pünktchen in die gelben Flächen tupfen. Fertig ist dein gelb leuchtendes Rapsfeld.

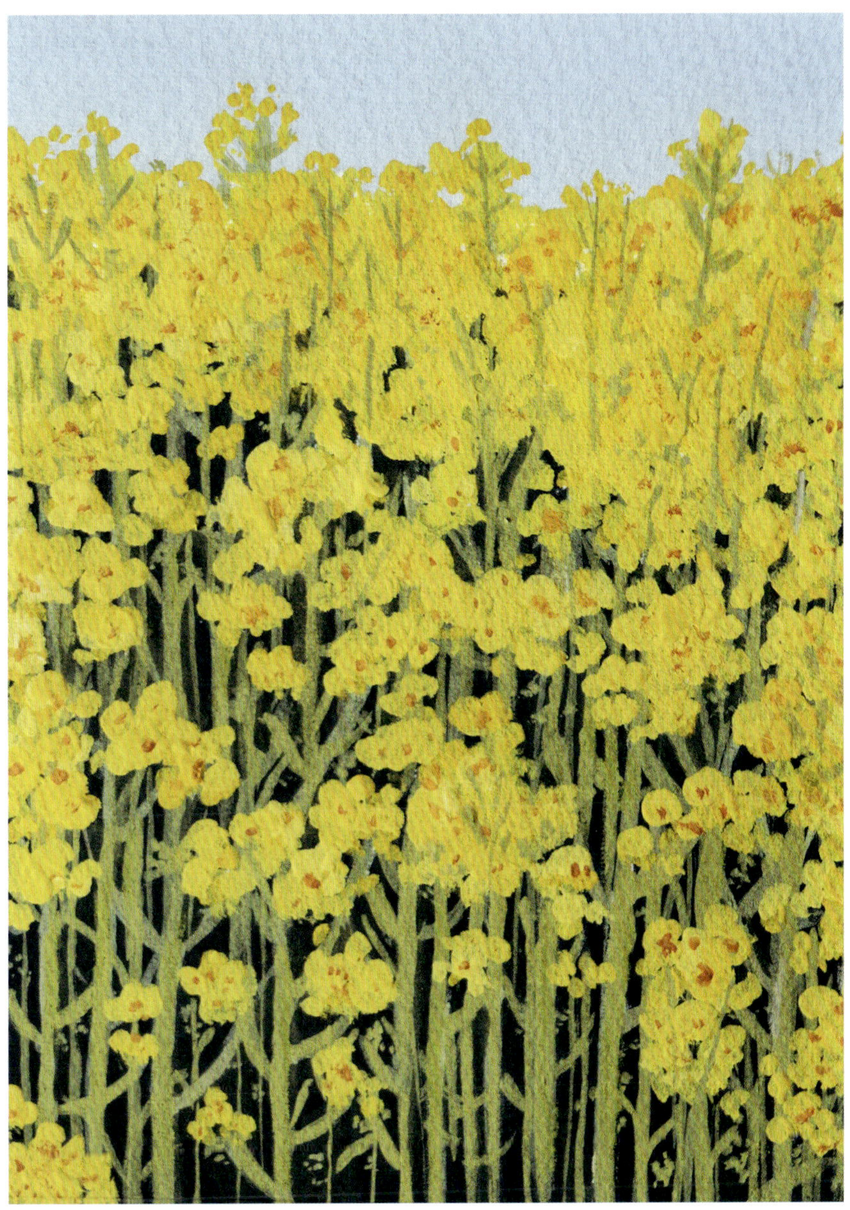

TIPP

Wenn du möchtest, kannst du dir Buntstifte nehmen und damit noch mal über manche Stellen auf deinem getrockneten Bild zeichnen, z. B. mit einem grellen Grünton über die Stängel.

SCHLEIERKRAUT

Das Schleierkraut auf dem Referenzfoto habe ich mir auf dem Markt mitgenommen und jetzt hängt das Bund getrocknet kopfüber an meiner Atelierwand. Wir denken uns für dieses Bild aber, dass es ein wunderschönes, ewig weit laufendes Feld an Schleierkraut ist, so weit, dass du das Ende gar nicht richtig siehst. So schön ist die Malerei, wir haben ein kleines Bund Schleierkraut und wir können ewig lange Felder malen.

MISCHFARBEN

   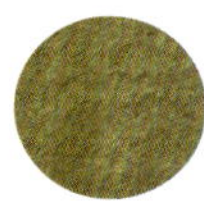 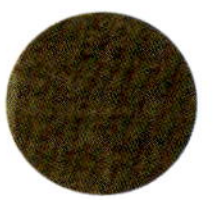 

MATERIAL

breiter, flacher Pinsel
(Größe 8 – 10)

1 oder 2 kleine, runde Pinsel
(Größe 1 – 3)

FARBEN

Weiß

Neapelgelb

Olivgrün

Umbra gebrannt

Ultramarinblau

Englischrot

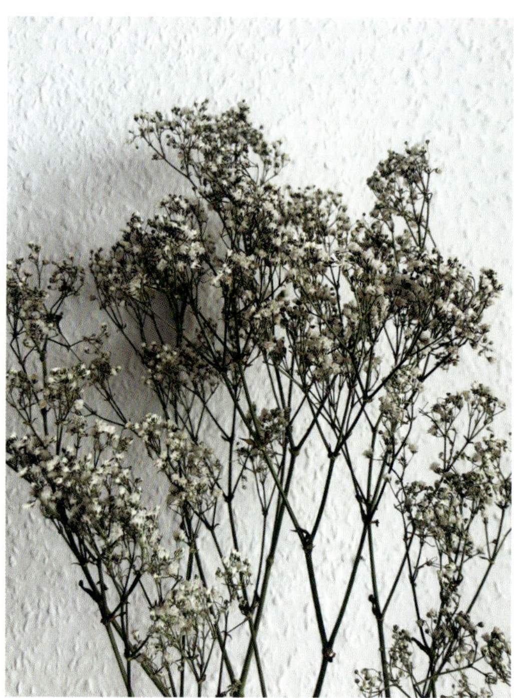

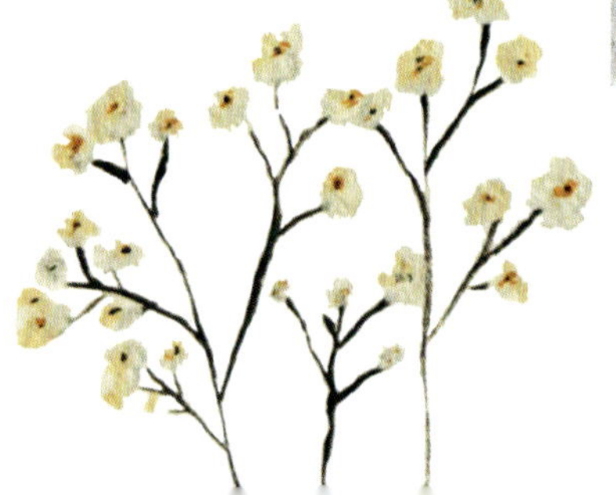

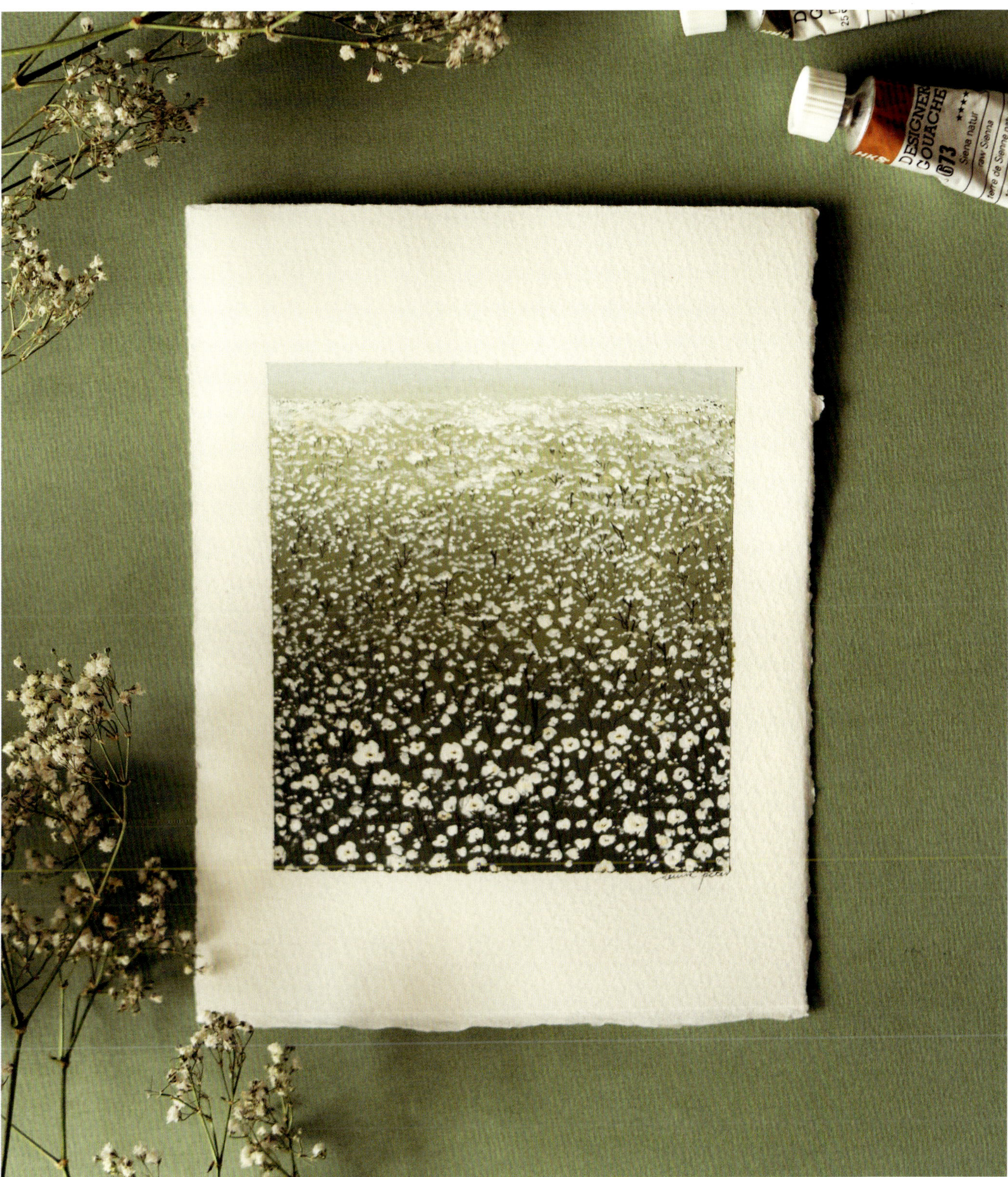
DESIGNER
GOUACHE
673
Siena natur

1. Setze dir die Farben im ersten Schritt mit einfachen Strichen auf dein Papier und denke in Farbblöcken. Mische dir dafür mit Ultramarinblau, Umbra gebrannt, Neapelgelb, Olivgrün, Weiß und sehr wenig Englischrot unterschiedliche Grüntöne. Am obersten Rand kannst du einen schmalen Block mit einem hellgrau-bläulichen Himmel bedecken. Nimm dafür hauptsächlich Weiß, Umbra gebrannt und Ultramarinblau. Dein Bild sollte von der hellsten Stelle (oben) bis zur dunkelsten Stelle (unten) verlaufen. Die Übergänge kannst du in diesem Schritt erst mal noch ignorieren.

2. Jetzt kannst du dich auf die Übergänge konzentrieren und deine bereits gemischten Farbtöne in einer weiteren Schicht zügig auftragen, wobei du alles miteinander verblendest. Ich habe meinen Himmel etwas schmaler und heller gemalt als im letzten Schritt. Nutze weniger Wasser, sodass dein Papier nicht mehr durchscheint, aber noch genug Wasser, um die Farben miteinander verblenden zu können.

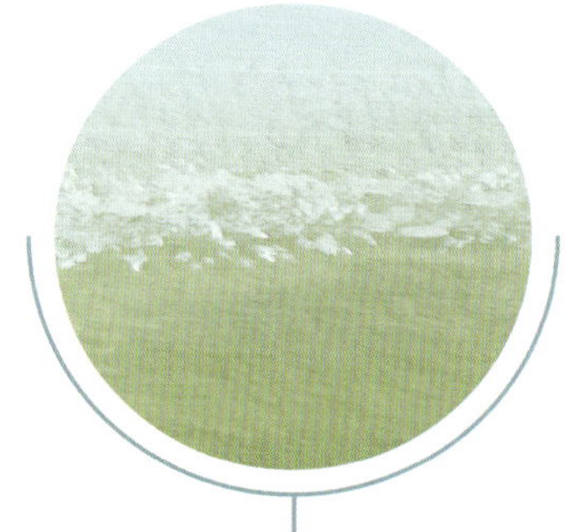

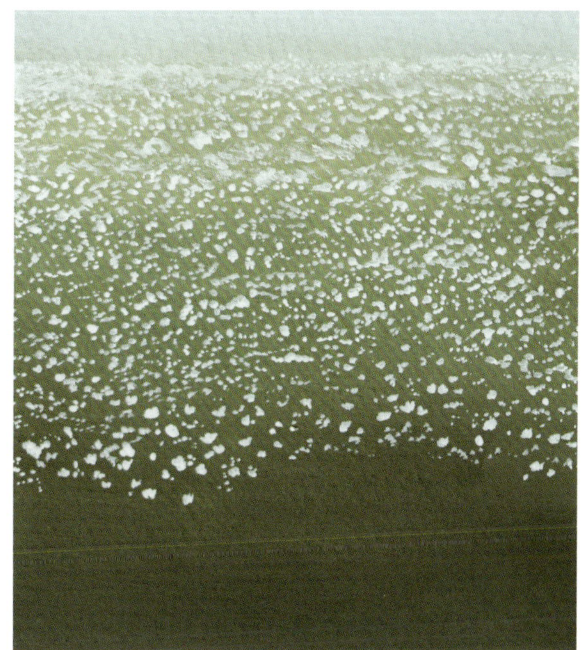

3. Wenn du mit dem Hintergrund bis hierhin zufrieden bist, kannst du langsam deine Schleierkrautwiese aufbauen. Fange hinten, also am oberen Rand der Grünfläche, damit an, mit einem kleinen Pinsel weiße Punkte aufzutupfen. Dabei kannst du auch teilweise trocken und ungenau tupfen, die Details liegen sehr weit hinten am Bildrand und müssen nicht zu genau sein.

4. Mit deinen Tupfern füllst du jetzt immer weiter deine grüne Fläche, immer von hinten nach vorn bzw. oben nach unten. Je weiter du zum vorderen Bildrand kommst, desto größer und genauer sollten deine Blüten werden. Versuche, sie so willkürlich und unregelmäßig wie möglich zu malen. Male nicht komplett bis zum unteren Bildrand, sondern lass den letzten Block erst mal frei.

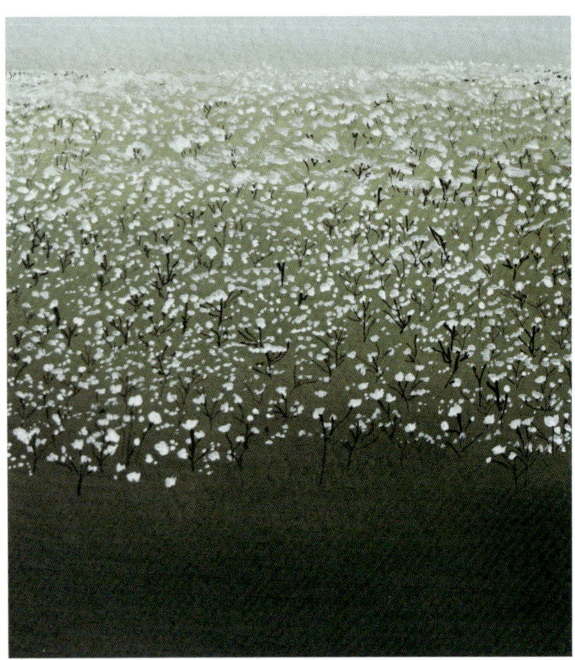

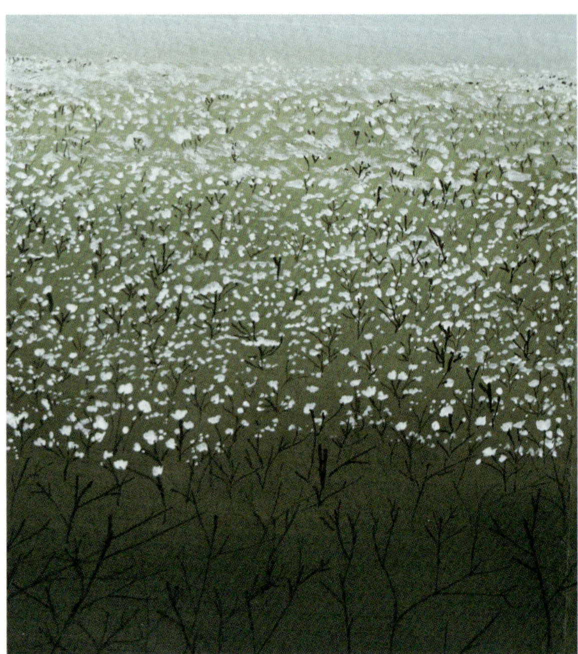

5. Bevor du die restlichen Blüten malst, mischst du dir mit Ultramarinblau und Umbra gebrannt ein dunkles Grauschwarz, mit dem du die Stiele für deine Blüten malst. Je weiter hinten, desto ungenauer muss das sein, mache dort einfach nur ein paar willkürliche Striche und fokussiere dich mehr auf die vorderen Blütenstängel.

6. Mit der gleichen Farbe kannst du auch schon die Stiele für die vorderen Blüten malen. Schleierkraut ist sehr verhakt und hat mehrere Abzweigungen. Hier ist es wichtig, dass du auch über den Rand malst und die Stängel so theoretisch ins Bild reinwachsen lässt.

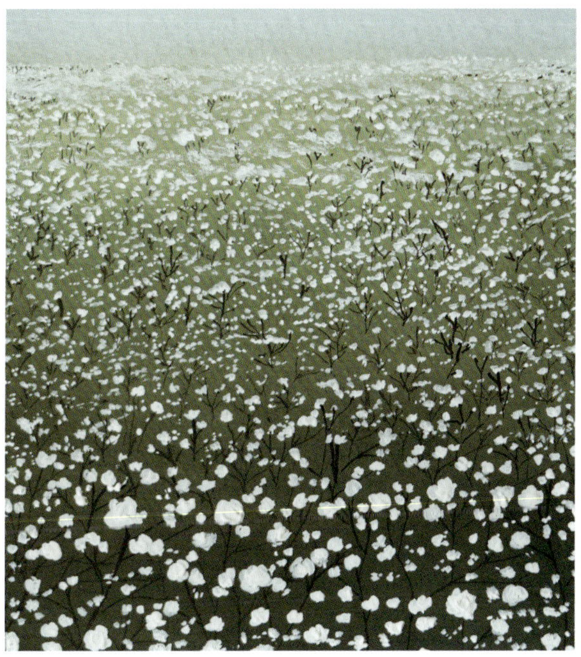

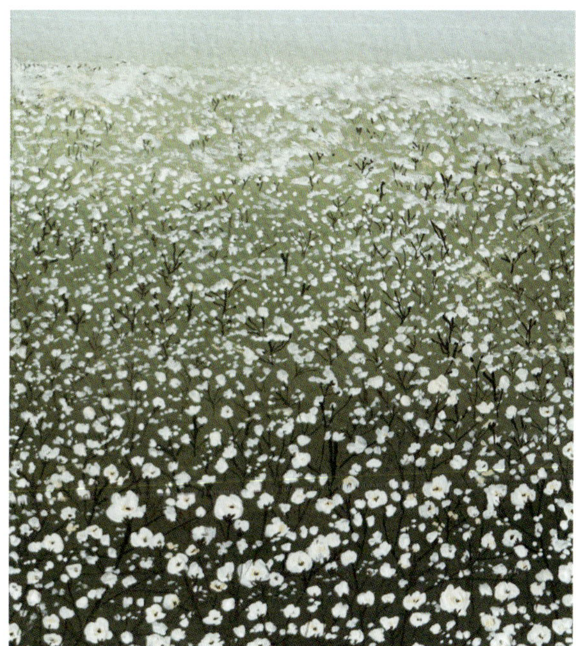

7. Nach den Stängeln kannst du jetzt mit Weiß die vorderen Blüten malen. Tupfe sie mit einem kleineren Pinsel eher buschig und klein auf. Die Blüten müssen nicht nur auf deine Stängel gemalt werden, du kannst sie auch frei auf deine Grünfläche malen, damit es schön voll wird.

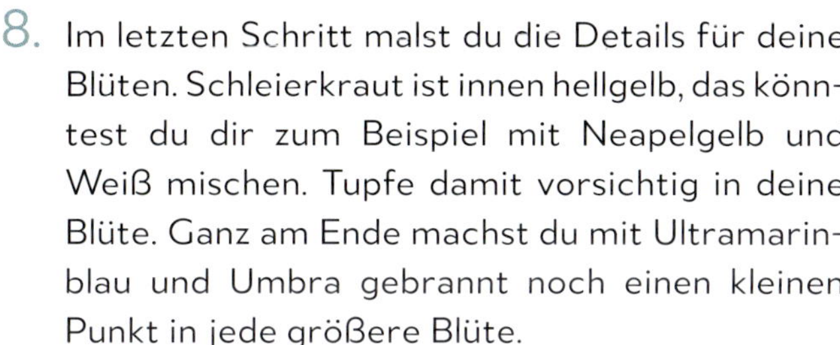

8. Im letzten Schritt malst du die Details für deine Blüten. Schleierkraut ist innen hellgelb, das könntest du dir zum Beispiel mit Neapelgelb und Weiß mischen. Tupfe damit vorsichtig in deine Blüte. Ganz am Ende machst du mit Ultramarinblau und Umbra gebrannt noch einen kleinen Punkt in jede größere Blüte.

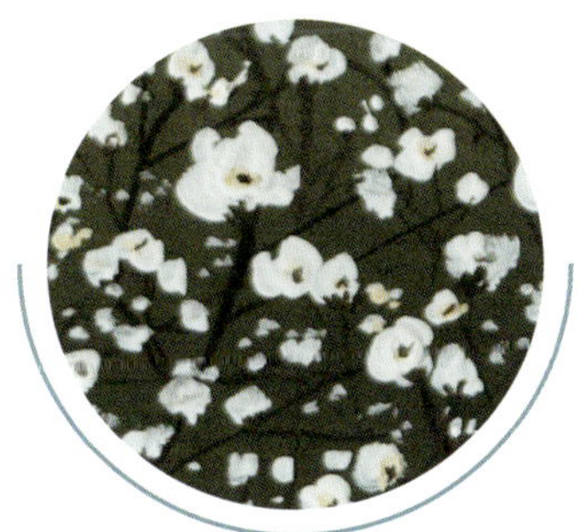

BOUGAINVILLEA

Dieses Foto habe ich in meinen Urlaubsbildern gefunden. Manchmal lohnt es sich, die alten Bilder herauszukramen, um neue Inspiration zu finden. Dabei muss nicht immer jedes Detail übernommen werden, da reicht die Idee, die Komposition oder einfach nur die Farbe.

MISCHFARBEN

 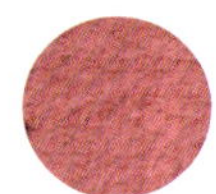 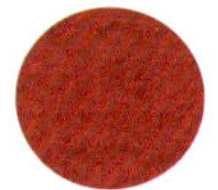 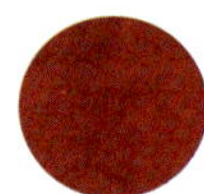 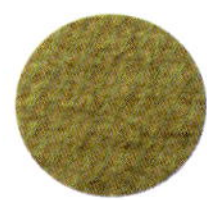 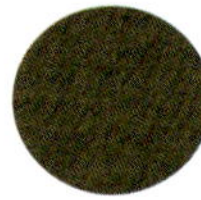 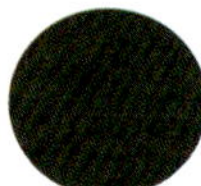  

MATERIAL

breiter, flacher Pinsel (Größe 8 – 10)

kleiner, runder Pinsel (Größe 1 – 3)

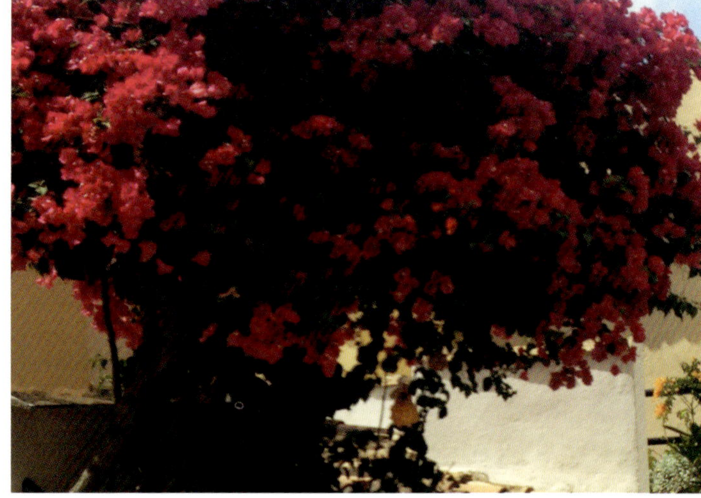

FARBEN

Weiß

Ultramarinblau

Umbra gebrannt

Olivgrün

Siena natur

Englischrot

Krapplack dunkel

Magenta

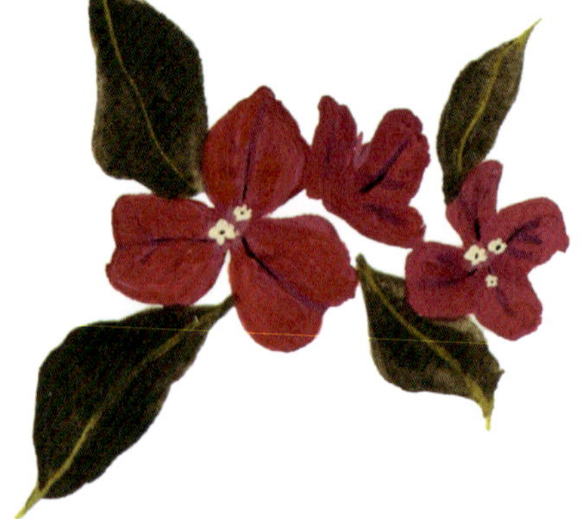

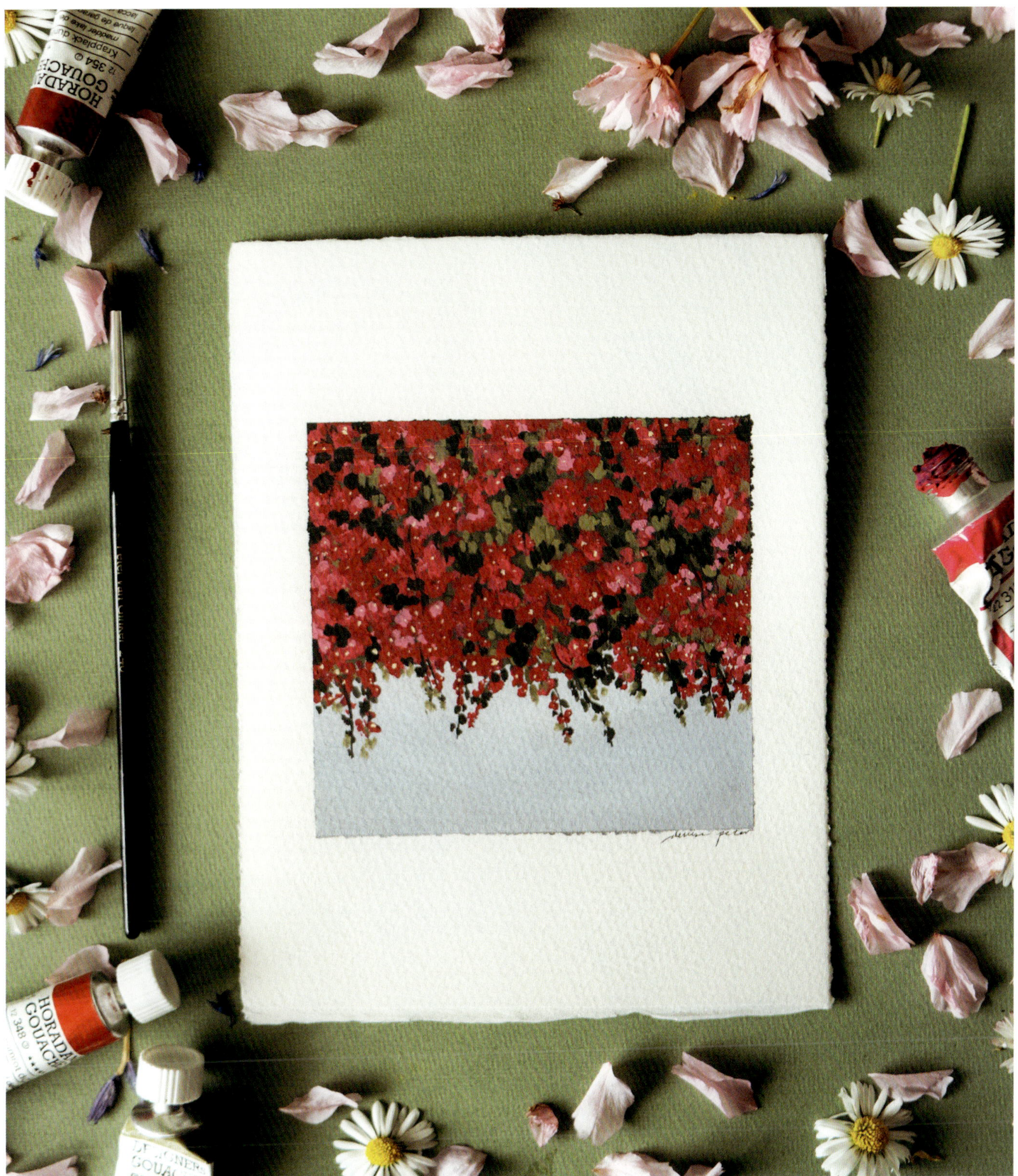

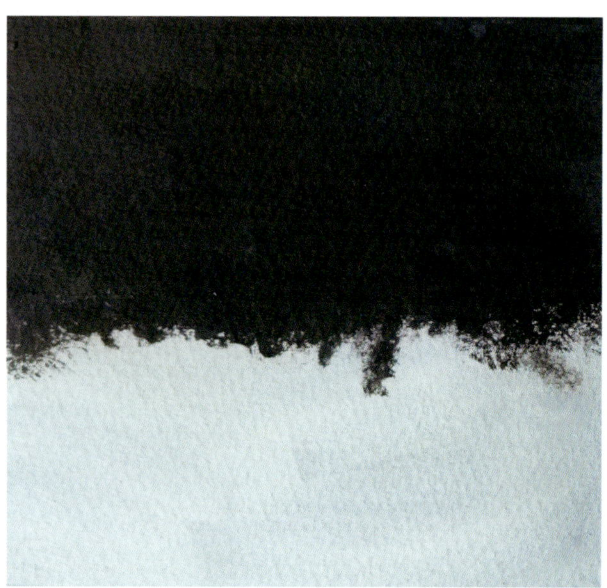

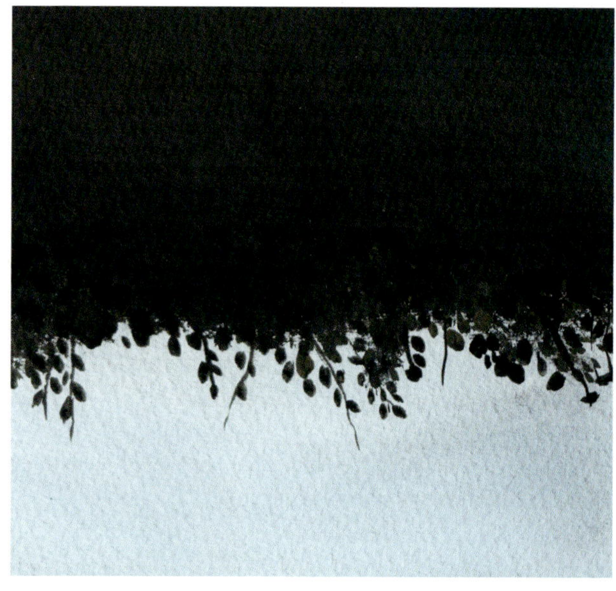

1. Male zuerst den Hintergrund. Auf der Vorlage ist das eine weiße Wand, du kannst dafür aber auch eine andere Farbe nehmen, vorzugweise eine helle Farbe, die nicht zu sehr von deinem Vordergrund ablenkt. Passen würde vielleicht Beige, Hellgrau oder Hellblau. Ich habe ein helles gräuliches Blau gewählt mit ein bisschen Ultramarinblau, Umbra gebrannt und viel Weiß. Den oberen Teil deines Bildes kannst du mit Olivgrün, Ultramarinblau und Umbra gebrannt tupfen.

2. Nimm den Grünton, den du dir eben gemischt hast, mit einen kleinen Pinsel auf und forme Blätter und Stiele am unteren Rand deiner grünen Fläche. Damit verwandelst du die grobe Farbfläche in deinen Untergrund mit Blättern und Stielen, der später die Bougainvilleablüten enthält.

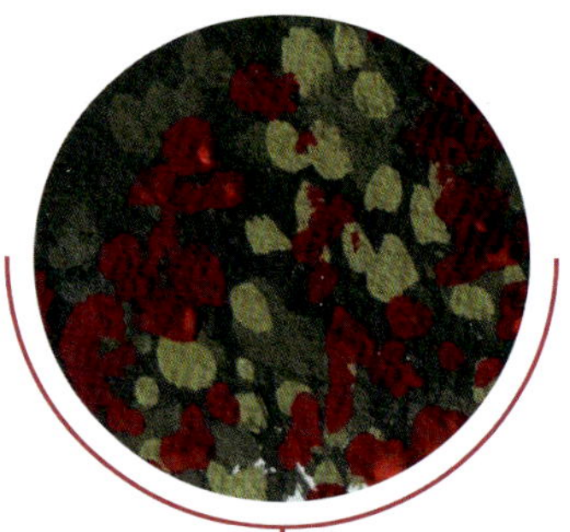

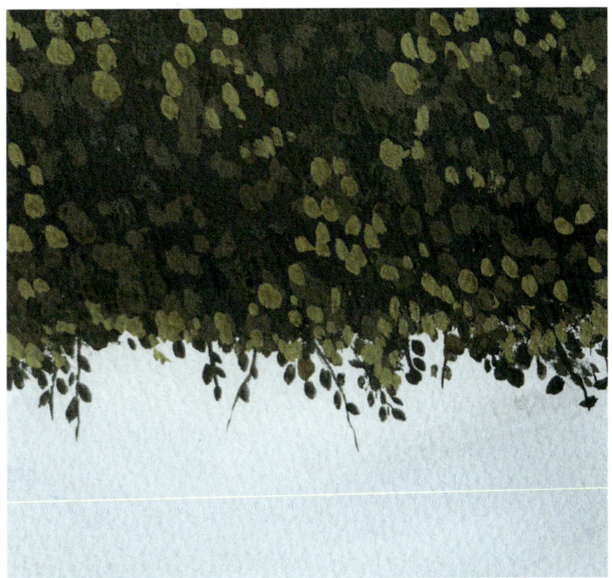

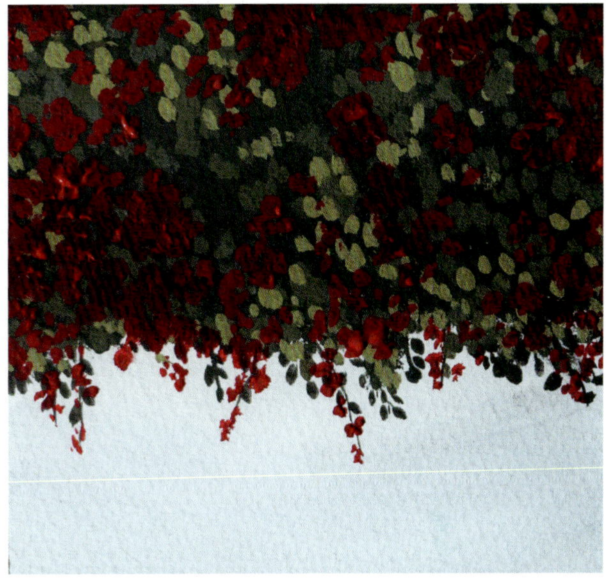

3. Mische dir ein helleres Grün mit Olivgrün, Weiß und ein bisschen Siena natur und Englischrot. Tupfe damit viele kleine Blätter willkürlich auf deine grüne Fläche. Achte darauf, dass nicht alle Blätter in dieselbe Richtung schauen, dass sie unterschiedlich verteilt sind und auch verschieden groß. Danach mischst du noch ein bisschen mehr Weiß in dein bereits gemischtes Grün und malst damit noch eine weitere Schicht Blätter.

4. Für die Blüten mischst du dir ein dunkles Rot mit Krapplack dunkel und Magenta. Wenn du kein Krapplack dunkel hast, kannst du stattdessen einfach ein bisschen rumprobieren mit Magenta und Ultramarinblau oder einem anderen Rotton, den du besitzt. Tupfe mit deinem kleinen Pinsel die Blüten auf die Grünfläche. Dabei kannst du dich ein wenig an der Vorlage orientieren.

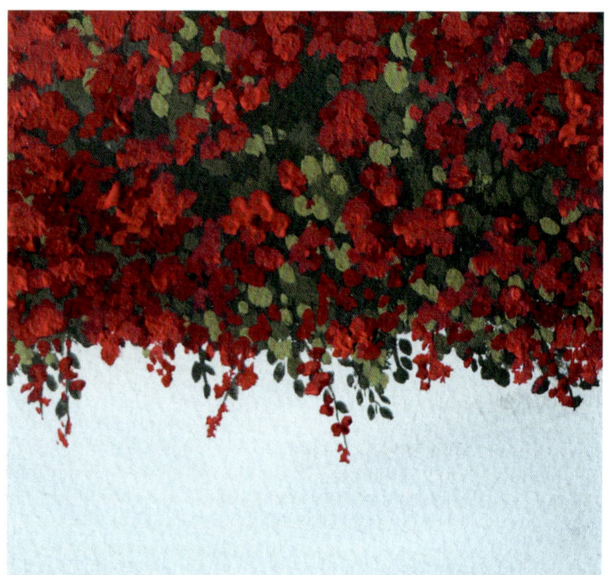

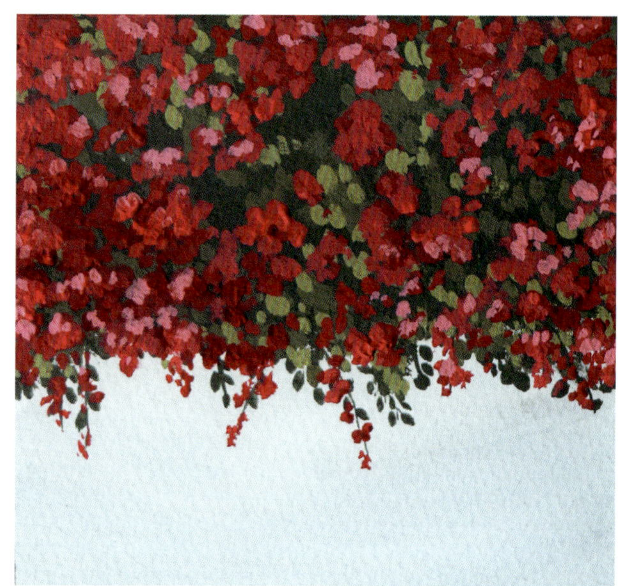

5. Das Prinzip der Blüten ist genau wie das der Blätter, du fängst mit einer dunklen Farbe an und baust dein Bild mit immer helleren Farben auf. Für diesen Schritt mischst du in deinen Rotton ein bisschen Weiß und tupfst damit eine weitere Schicht an Blüten.

6. Mit einer weiteren Schicht Blüten setzt du ein paar hellere Highlights. Mische dazu noch ein bisschen mehr Weiß in deinen Rotton. Hier reichen ein paar Tupfer, die die hellen Stellen darstellen, an denen die Blüten von der Sonne angestrahlt werden. Gleichzeitig geben sie deinem Bild ein paar realistischere Details.

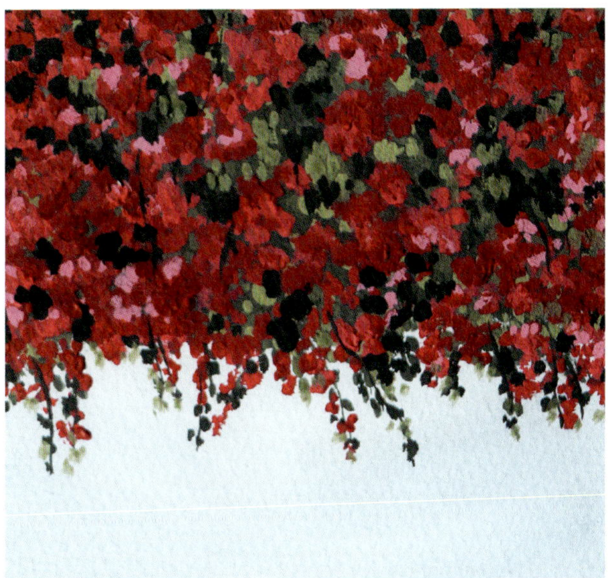

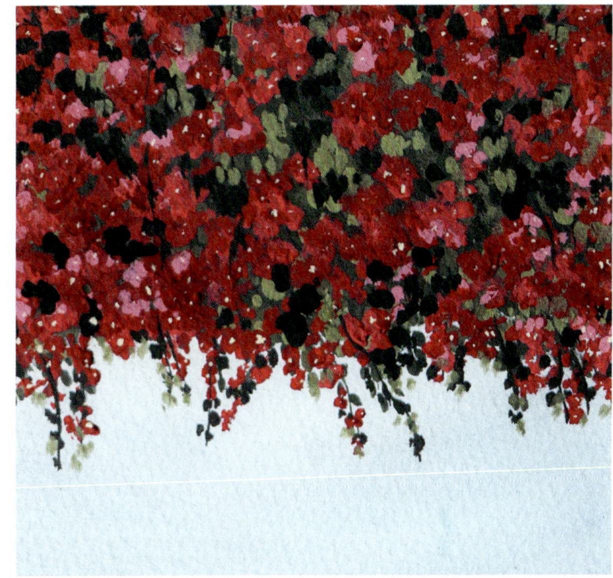

7. In diesem Schritt kannst du deine Farben verstärken. Mit weiteren Blättern in einem dunkleren Grünton erzeugst du mehr Tiefe. Füge außerdem mit deinem hellsten Grünton an den Enden der Stiele kleine Blätter hinzu. Wenn deine Rottöne zu dumpf sind, kannst du die Farbe mit einer zusätzlichen Schicht verstärken.

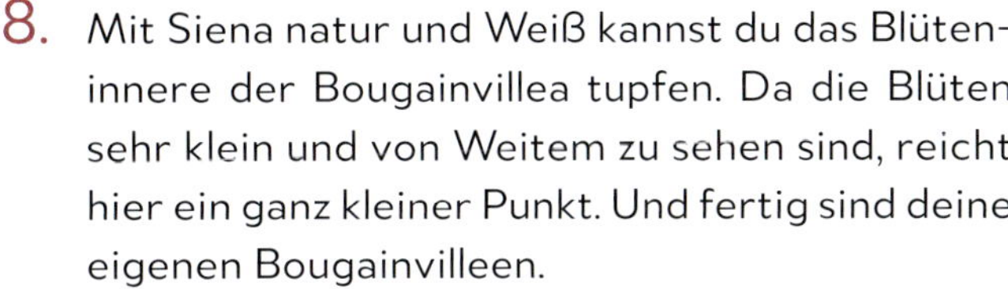

8. Mit Siena natur und Weiß kannst du das Blüteninnere der Bougainvillea tupfen. Da die Blüten sehr klein und von Weitem zu sehen sind, reicht hier ein ganz kleiner Punkt. Und fertig sind deine eigenen Bougainvilleen.

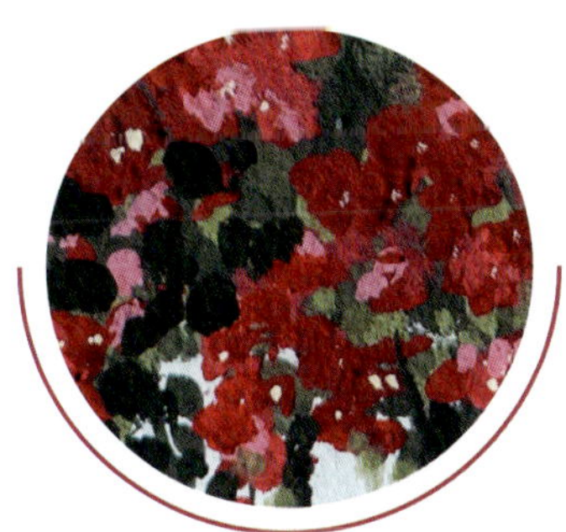

COSMEA

Cosmea, auch Schmuckkörbchen genannt, sind wunderschöne, strahlende Sommerblumen. Sie bestehen meistens aus acht Blütenblättern, das Blüteninnere leuchtet fast schon gelbgolden und die Blätter sind sehr filigran. Die Schmuckkörbchen hier habe ich zufällig in einem Garten entdeckt.

MISCHFARBEN

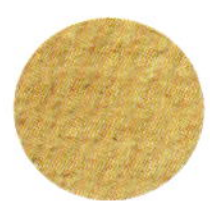 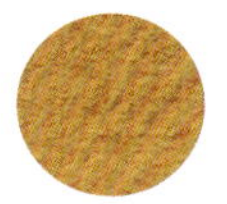 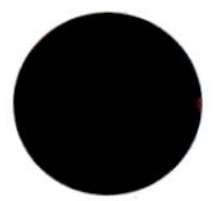 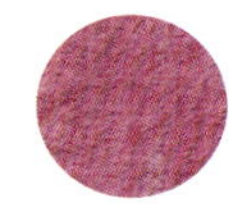  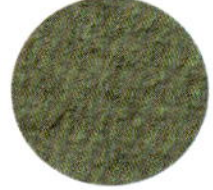  

MATERIAL

breiter, flacher Pinsel (Größe 8 – 10)

kleiner, runder Pinsel (Größe 1 – 3)

FARBEN

Umbra gebrannt

Ultramarinblau

Siena natur

Olivgrün

Weiß

Magenta

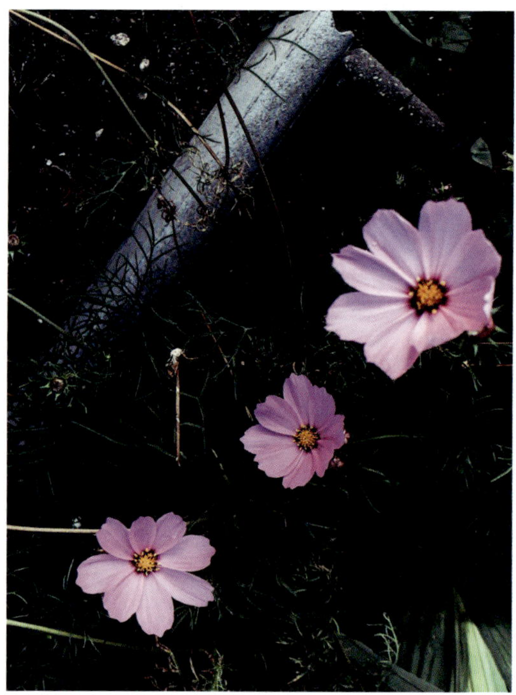

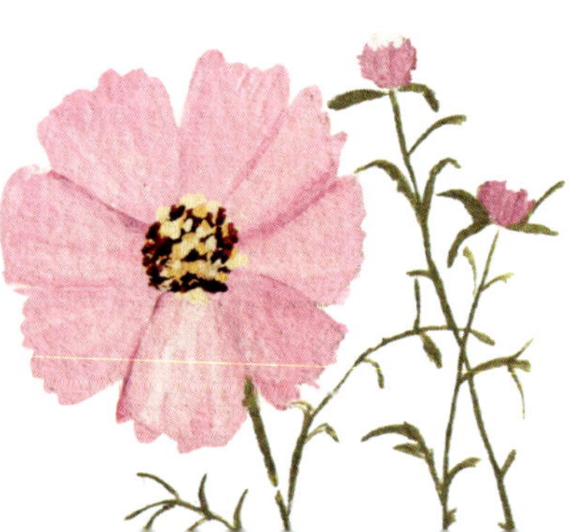

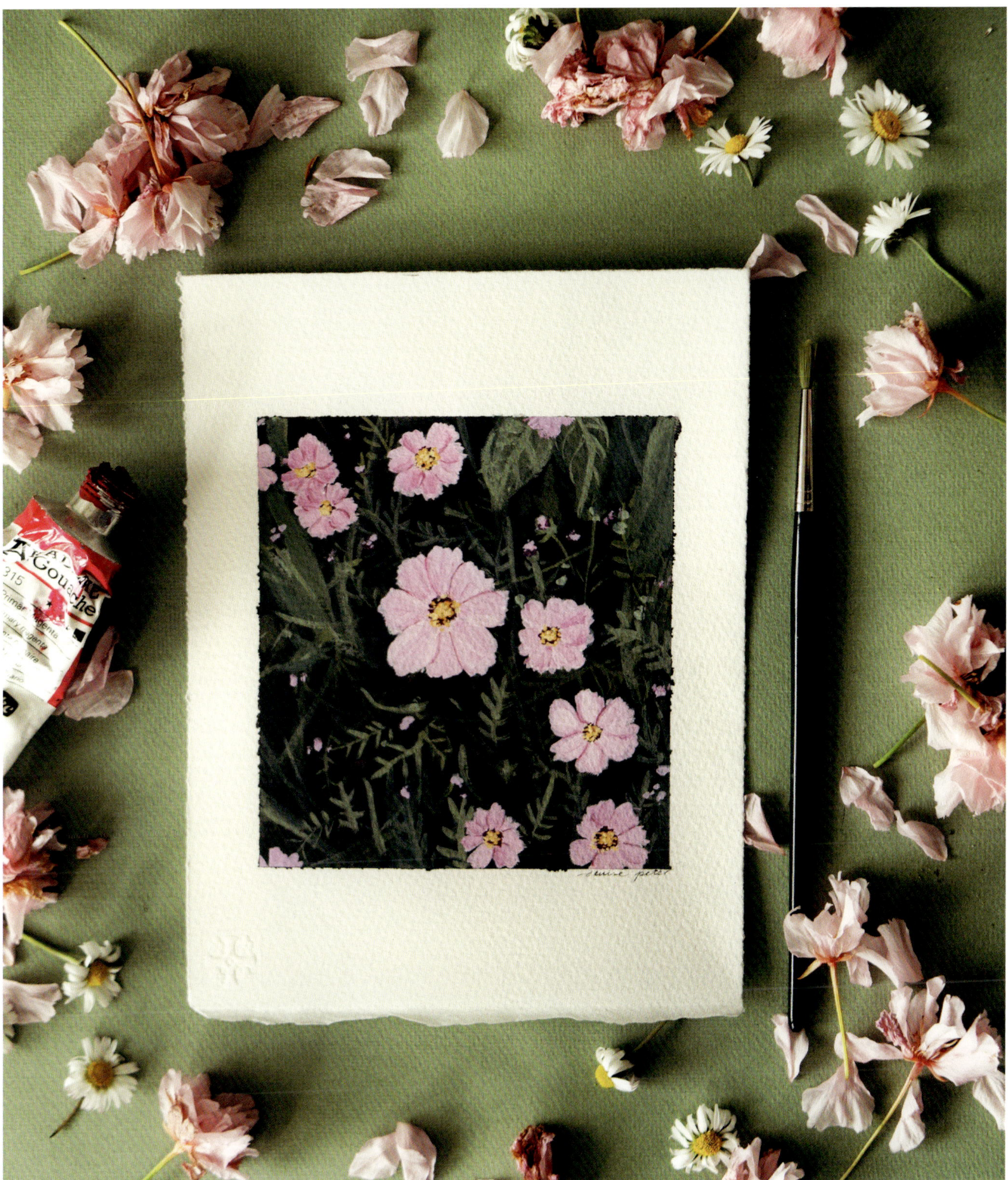
Gouache
315

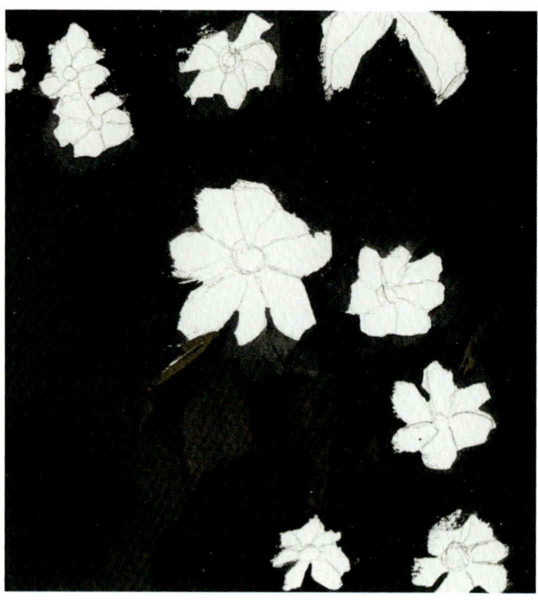

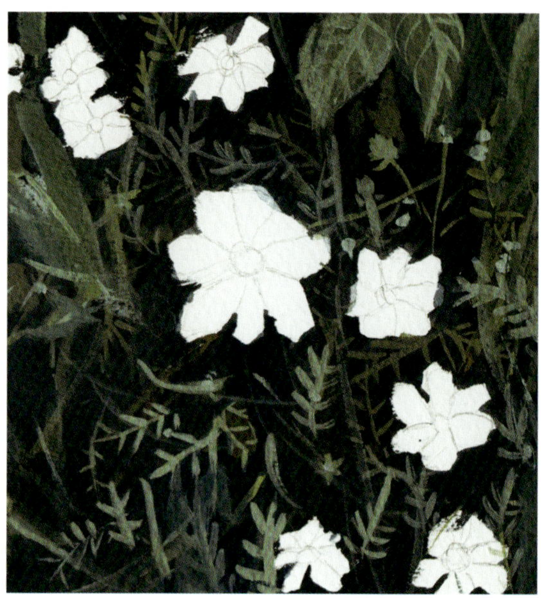

1. Nimm deinen Bleistift und fange mit einer groben Skizze an. Fokussiere dich dabei lediglich auf die Blüten. Wenn du mit der Komposition und der Skizze zufrieden bist, kannst du dir für den Hintergrund Umbra gebrannt, Ultramarinblau und Siena natur mischen. Trage die Farbe mit ein wenig Wasser auf und spare dabei deine Blüten aus. Nimm mit dem Pinsel Siena natur auf und verblende es direkt an manchen Stellen in deinen noch nassen Hintergrund.

2. Mit Olivgrün und Siena natur kannst du jetzt die filigranen Blätter malen. Diese können von unterschiedlichen Stellen ins Bild und kreuz und quer wachsen. Variiere deine Grüntöne mit ein bisschen mehr oder weniger Siena natur und Weiß. Fokussiere dich bei diesem Schritt nur auf den Hintergrund deiner Blüten.

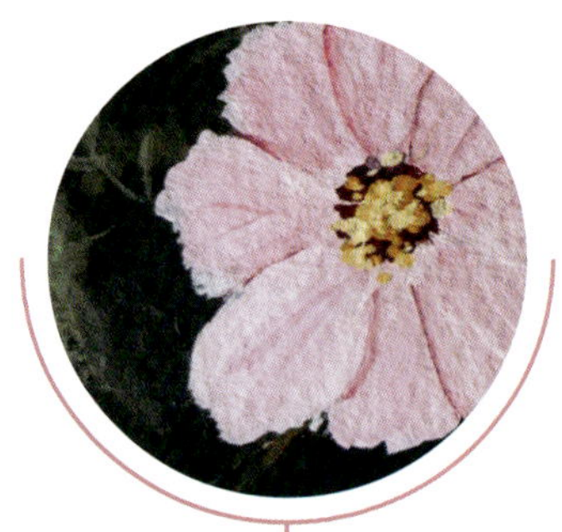

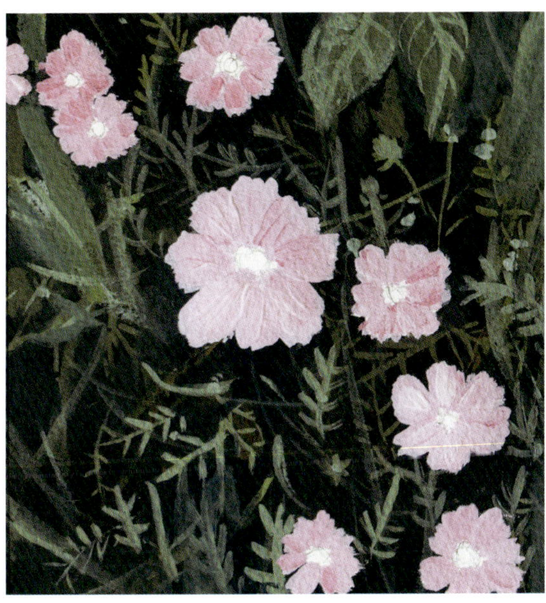

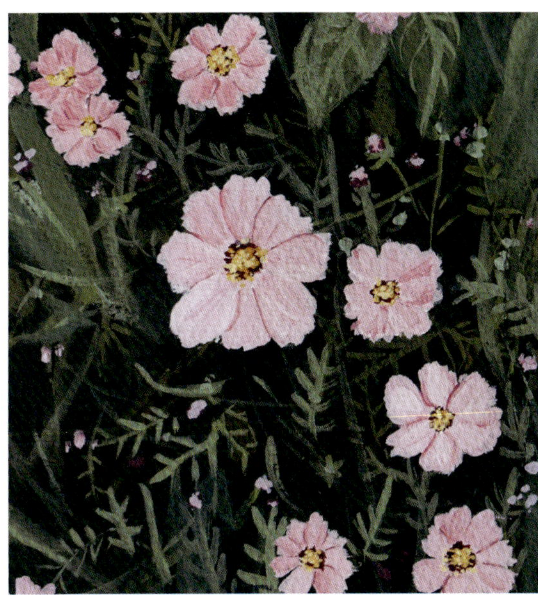

3. Cosmea gibt es in unterschiedlichen Rosa- und Rottönen. Du kannst dir auch einen anderen Farbton mischen. Ich habe mich bei der Farbe an der Vorlage orientiert. Dafür mischst du Magenta, sehr wenig Ultramarinblau und Weiß und malst die Blüten von außen nach innen. Die Farbe muss nicht komplett vermischt sein, wenn sie ein wenig streifig ist, bekommst du mehr Struktur. Die Blütenblätter der Cosmea sind eher fransig nach außen hin und nicht sehr ordentlich.

4. Für das Innere der Cosmea mischst du dir Magenta mit Ultramarinblau und tupfst damit so lange, bis du keine Lücke mehr hast. Mit dieser Farbe kannst du auch vorsichtig mit dünnen Strichen deine einzelnen Blüten separieren. Wenn der Kontrast zu stark ist, gehe mit einem sauberen Pinsel und ein wenig Wasser darüber, so verblasst die Farbe wieder. Mit Siena natur und Weiß tupfst du kleine Pünktchen ins Innere der Cosmea, auf deine dunkle Farbe. Lass dabei aber vor allem am Rand etwas dunkelrote Farbe stehen. Verwende hierbei unterschiedlich dunkle Farbtöne. Mit zwei bis drei Schichten sollte das ein schönes leuchtendes Gelbgold werden. Du kannst den Blüten noch mit einem helleren lasierenden Rosaton ein paar Highlights geben und im Hintergrund mit ein paar Tupfern Rosa weitere Blüten andeuten.

MOHNBLUME

Mohnblumen findet man zwischen Mai und September fast überall, in Gärten, auf Feldern, an Straßenrändern. Das knallige Rot der Mohnblumen ist ein toller Kontrast zu dem satten Grün der Wiesen. Durch unterschiedliche Kompositionen lassen sie sich immer toll aufs Neue malen.

MISCHFARBEN

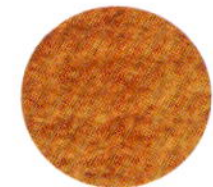   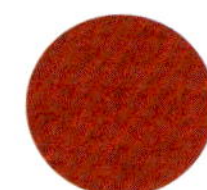 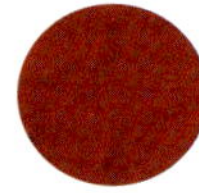  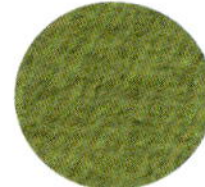  

MATERIAL

breiter, flacher Pinsel (Größe 8 – 10)

kleiner, runder Pinsel (Größe 1 – 3)

FARBEN

Ultramarinblau

Umbra gebrannt

Olivgrün

Siena natur

Weiß

Zinnoberrot

Kadmiumrot dunkel

Indischgelb

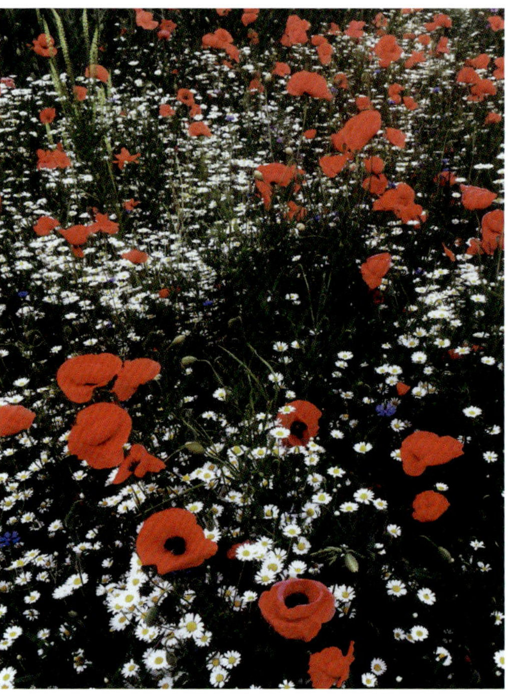

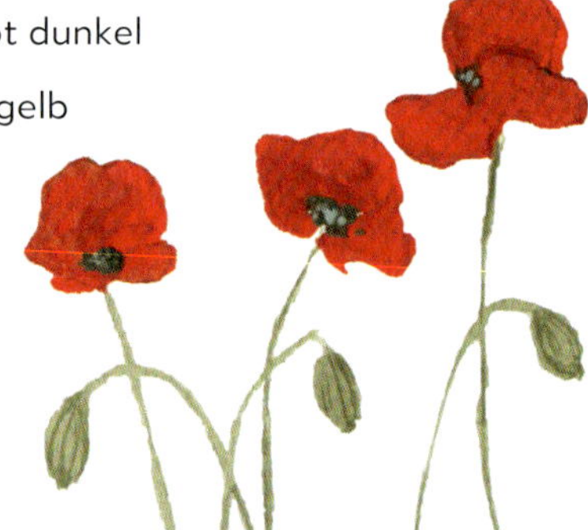

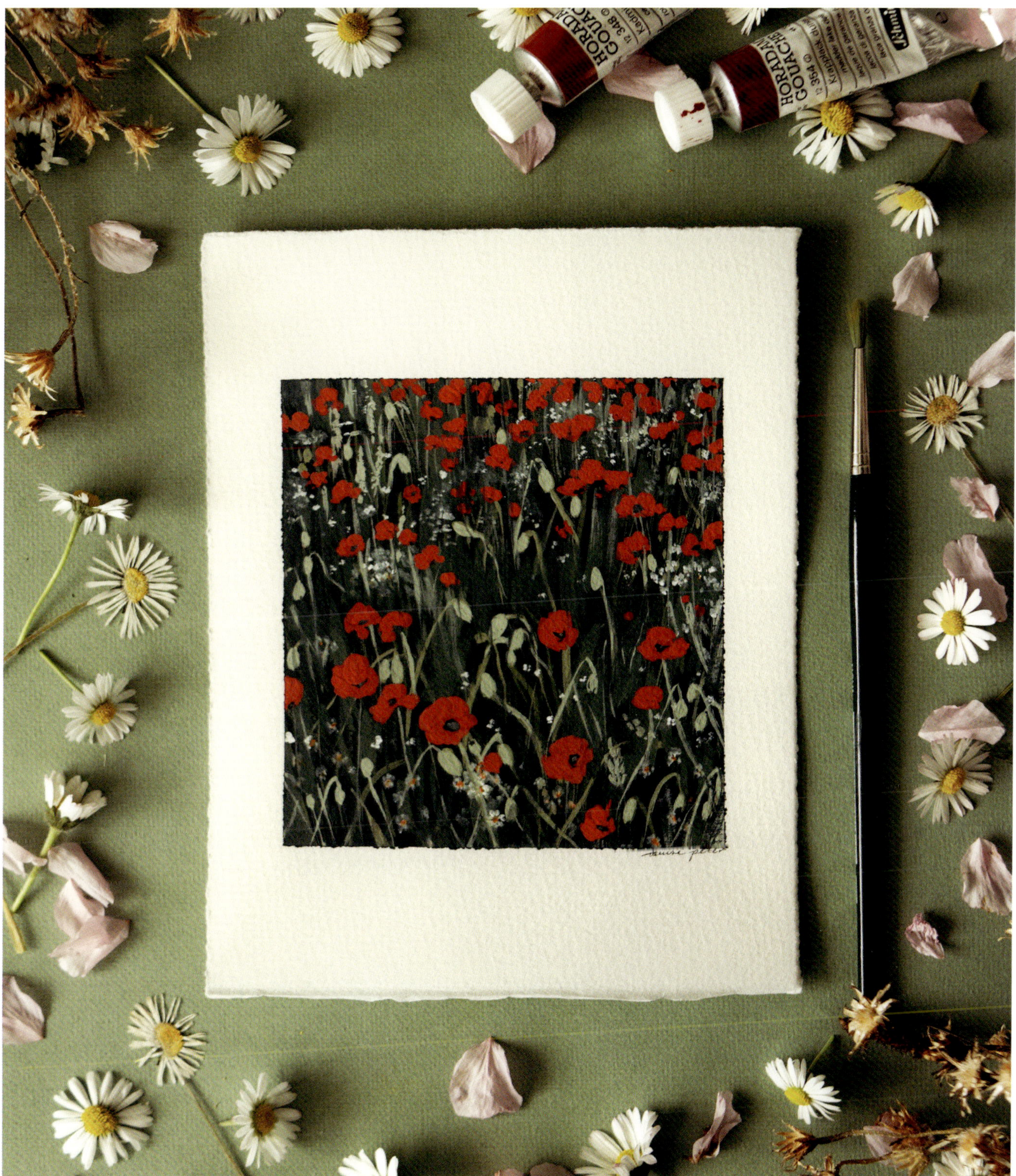

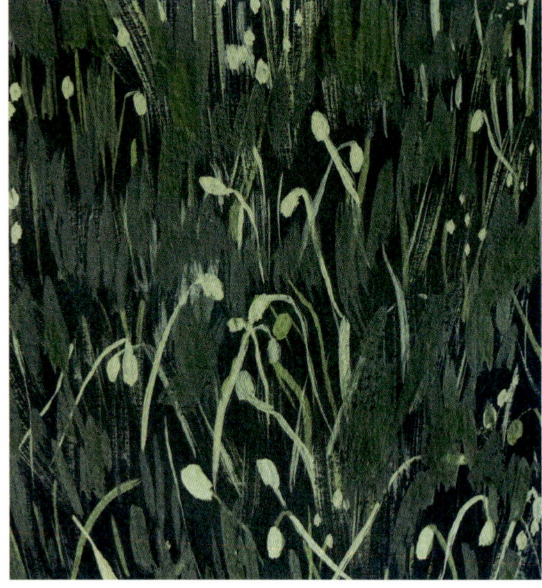

1. Mische dir für den Hintergrund unterschiedliche Grüntöne mit Ultramarinblau, Umbra gebrannt, Olivgrün und Siena natur. Trage die Farbe dann mit einem großen Pinsel und zügigen kurzen Strichen auf und bedecke damit die komplette Fläche. Achte dabei auf die Vorlage, die Fläche in der Mitte ist heller als die Ränder. Für die helleren Stellen kannst du mehr Olivgrün und Siena natur verwenden.

2. Nimm dir jetzt einen schmalen runden Pinsel und mische dir ein helleres Grün mit Olivgrün, Ultramarinblau und Siena natur, damit kannst du mit vielen schnellen Strichen das Gras andeuten. Um eine gewisse Tiefe zu erreichen, sollte der Hintergrund teilweise durchscheinen und nicht komplett bedeckt werden. Mische dir dann mit Olivgrün, Weiß und Sienna natur ein noch helleres Grün und male damit einzelne, eher gebogene Grashalme, die in verschiedene Richtungen zeigen. An manche kannst du ein kleines Oval malen, das soll die noch geschlossenen Mohnblüten darstellen.

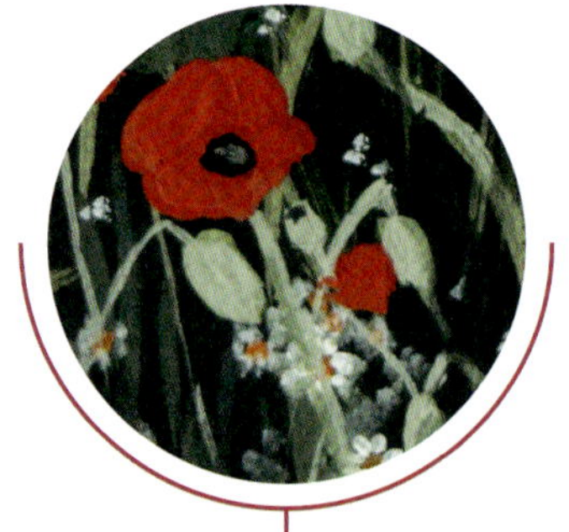

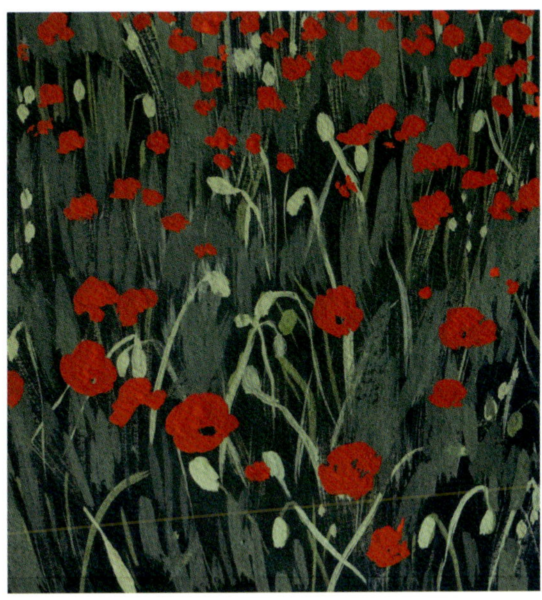

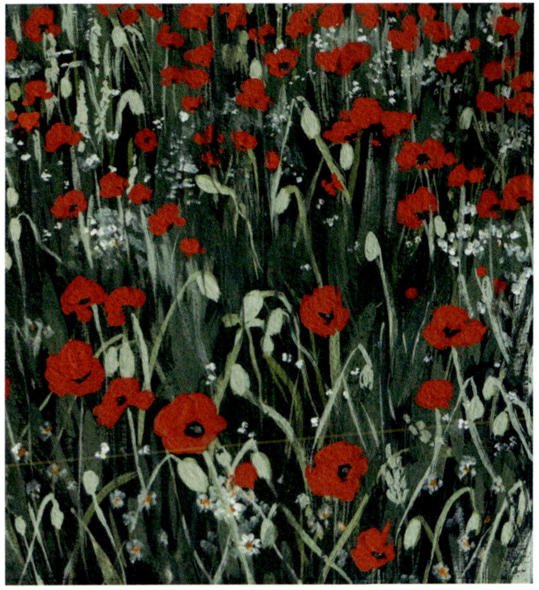

3. Für diesen Schritt sollte dein Bild mehr oder weniger trocken sein. Die Mohnblumen haben ein sehr sattes Rot, das kannst du dir mit Zinnoberrot und Kadmiumrot dunkel mischen. Wenn du diese Farben nicht hast, mische sie dir mit einem anderen Rot und wenig Ultramarinblau selbst. Fokussiere dich zunächst nur auf die Form der einzelnen Mohnblüten. Das Innere der Blüten kannst du dabei noch frei lassen. Auch wenn das Foto eine Nahaufnahme ist, kannst du durch die Größe der Mohnblumen in deinem Bild Tiefe schaffen. Die vorderen Mohnblumen sind dabei deutlich größer und mehr verteilt, die hinteren enger beieinander und auch viel kleiner. Bei den hinteren reicht es, wenn du sie mit dem Pinsel tupfst. Damit das Rot schön kräftig wird, brauchst du eventuell eine zweite Schicht.

4. Jetzt kommen die Details. Das Innere der Mohnblume kannst du mit Ultramarinblau und Umbra gebrannt auftupfen. Danach setzt du mit dem gleichen Farbton und ein bisschen Weiß noch ein paar Highlights darauf. Auch den Blütenblättern der Mohnblumen kannst du mit einem helleren Rotton noch ein paar Glanzstellen geben.

CHRYSANTHEME

Dieses Referenzfoto habe ich in einem Blumenladen gemacht. Chrysanthemen gibt es in vielen verschiedenen Farben mit unterschiedlich großen und kleinen Blüten. Ich freue mich jedes Mal, wenn ich sie irgendwo entdecke, und mache immer direkt ein Foto als Vorlage für mein nächstes Bild.

MISCHFARBEN

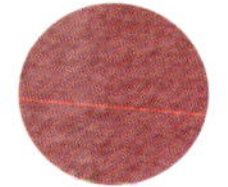       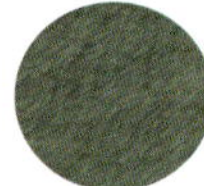  

MATERIAL

breiter, flacher Pinsel (Größe 8 – 10)

kleiner, runder Pinsel (Größe 1 – 3)

FARBEN

Ultramarinblau

Umbra gebrannt

Olivgrün

Siena natur

Primärgelb

Weiß

Krapplack dunkel

Magenta

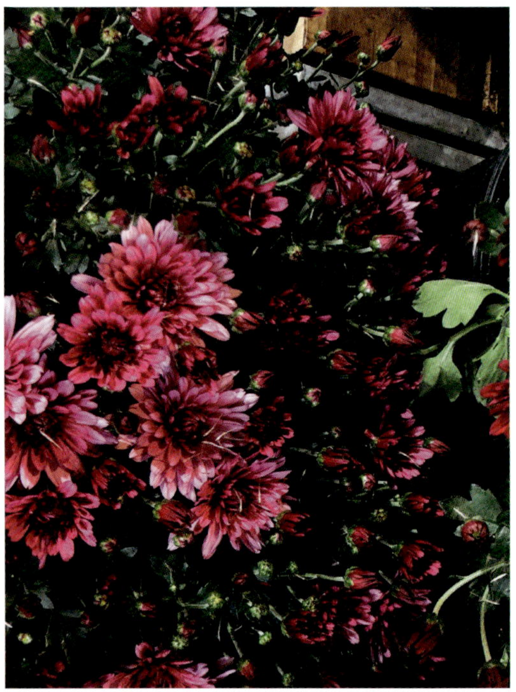

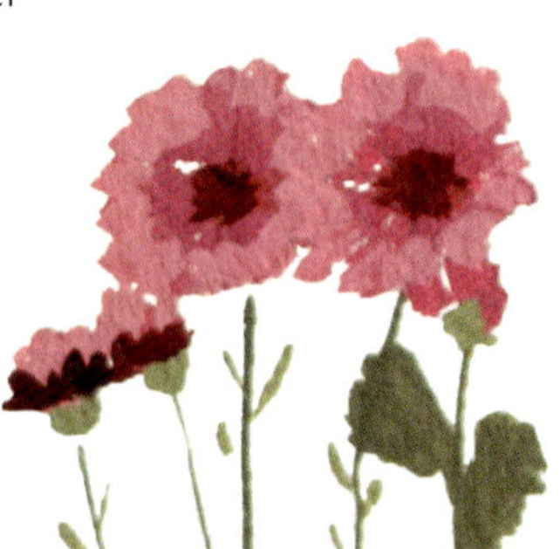

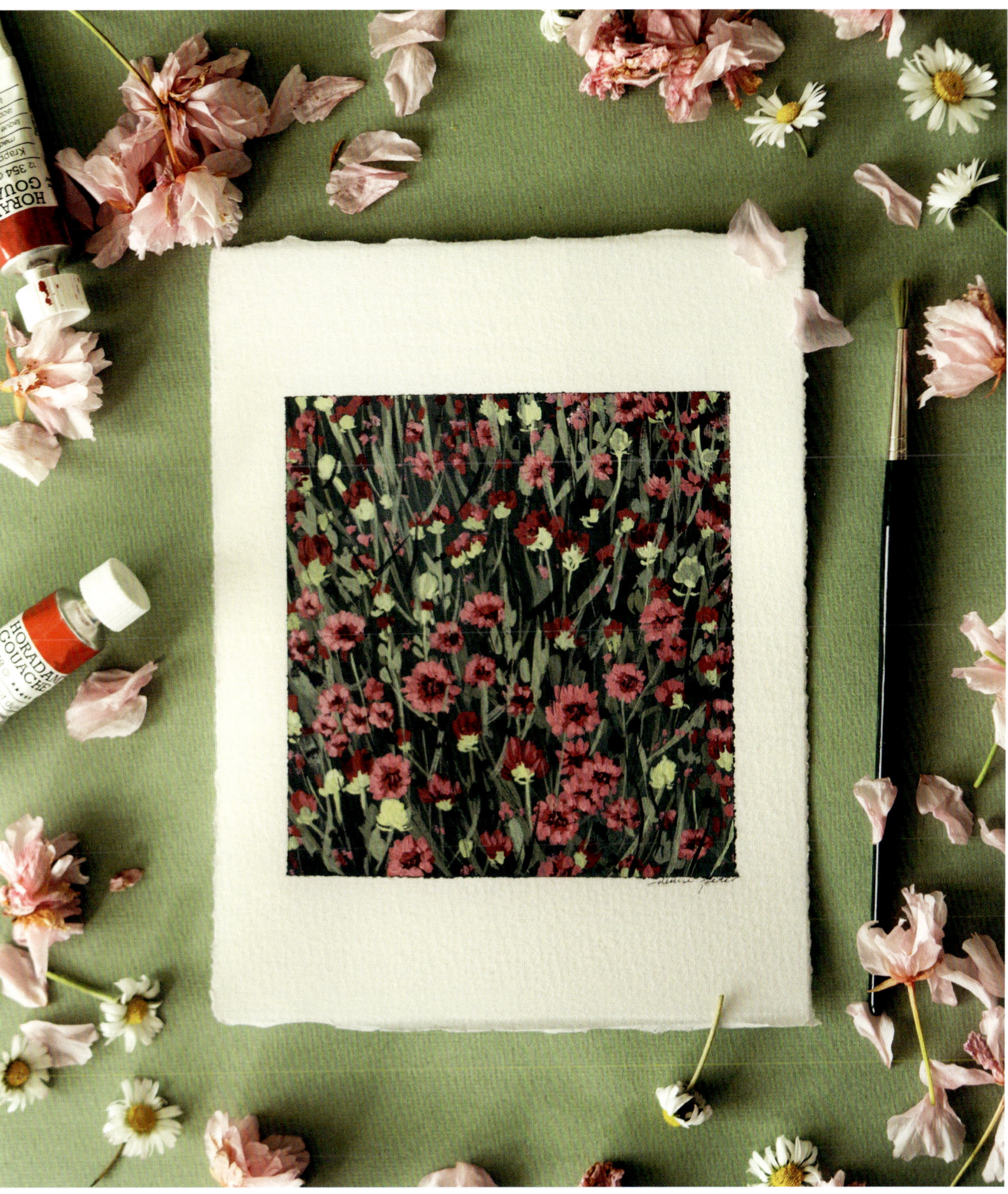
HORADAM
GOUACHE

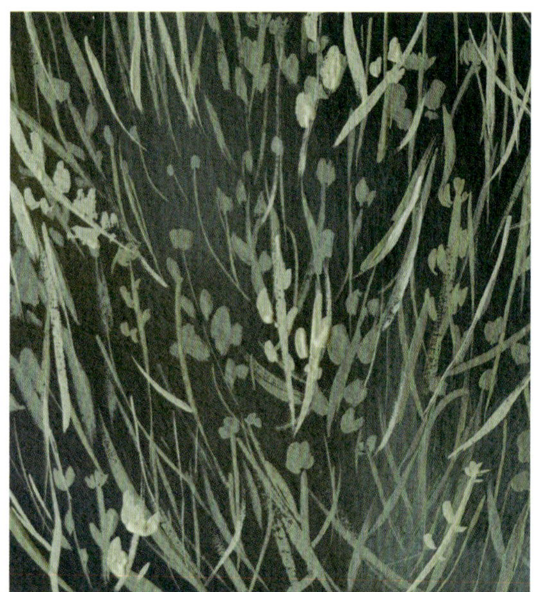

1. Mische dir für den Hintergrund mit Ultramarinblau, Umbra gebrannt, Olivgrün und Siena natur einen sehr dunklen Grünton und bedecke damit die komplette Fläche. Ein paar Stellen kannst du mit ein bisschen Weiß heller färben. Nutze dafür einen großen Pinsel und verblende die Farben ineinander.

2. Mit einem helleren Grünton kannst du jetzt die Blätter und Blattstiele malen. Dafür kannst du dir mit den bereits genannten Farbtönen unterschiedliche Grüntöne mischen. Achte nur darauf, dass sie heller sind als dein Hintergrund. Nimm einen kleinen schmalen Pinsel, um mehr Kontrolle über die einzelnen Blätter zu haben.

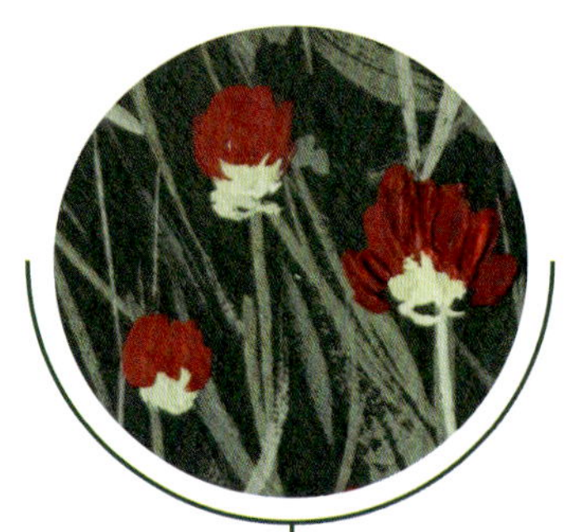

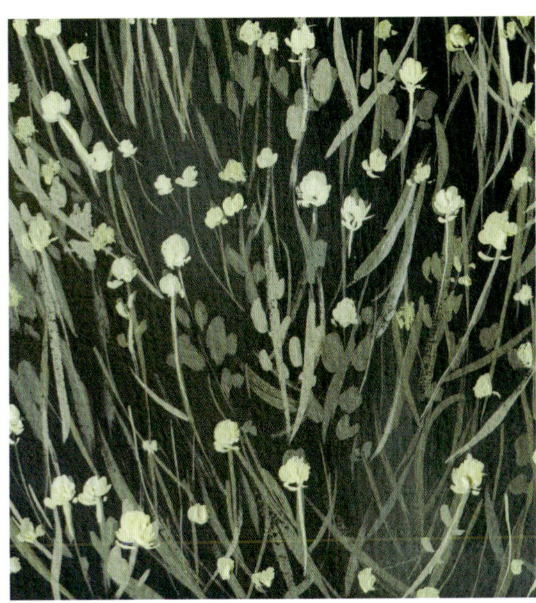

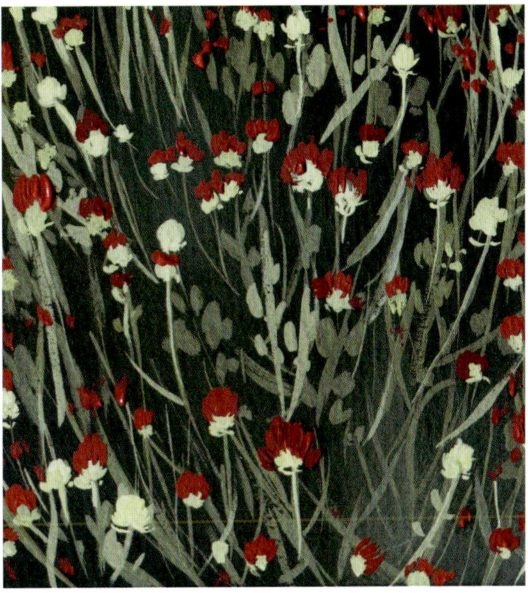

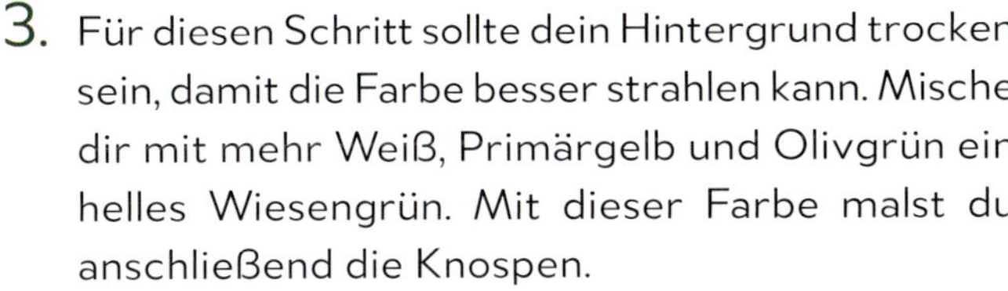

3. Für diesen Schritt sollte dein Hintergrund trocken sein, damit die Farbe besser strahlen kann. Mische dir mit mehr Weiß, Primärgelb und Olivgrün ein helles Wiesengrün. Mit dieser Farbe malst du anschließend die Knospen.

4. Wenn du mit dem Bild bis hierhin zufrieden bist, kannst du mit den Blüten weitermachen. Mische dir mit Krapplack dunkel, Magenta und Ultramarinblau ein dunkles, sattes Rot. Anstelle von Krapplack dunkel kannst du auch einen anderen Rotton nehmen oder zu Magenta und Ultramarinblau ein wenig Primärgelb mischen. Nimm dir dann einen kleinen Pinsel und forme mit kleinen Strichen die Blüten auf den bereits gemalten Knospen.

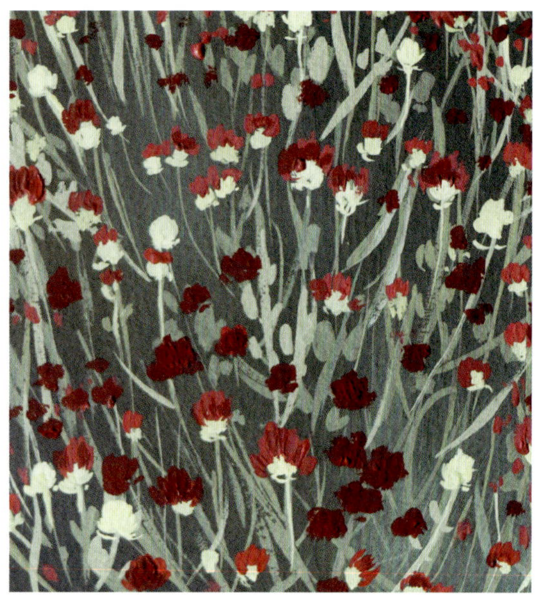

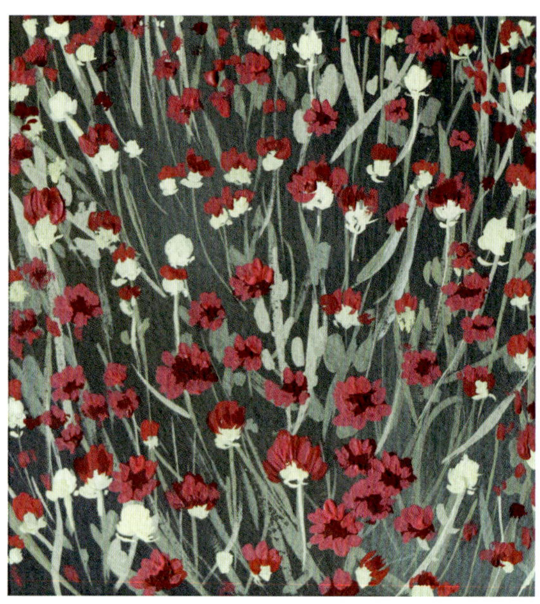

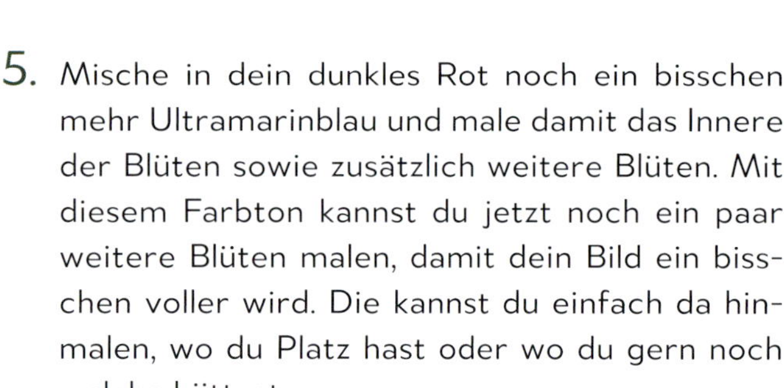

5. Mische in dein dunkles Rot noch ein bisschen mehr Ultramarinblau und male damit das Innere der Blüten sowie zusätzlich weitere Blüten. Mit diesem Farbton kannst du jetzt noch ein paar weitere Blüten malen, damit dein Bild ein bisschen voller wird. Die kannst du einfach da hinmalen, wo du Platz hast oder wo du gern noch welche hättest.

6. Mische dir in deinen Rotton ein bisschen Weiß, damit baust du dir jetzt langsam die Blütenstruktur auf. Die dunklere Farbe, die du davor gesetzt hast, war das Innere der Blüte, jetzt formst du mit kleinen Pinselstrichen deine Blütenblätter darum herum.

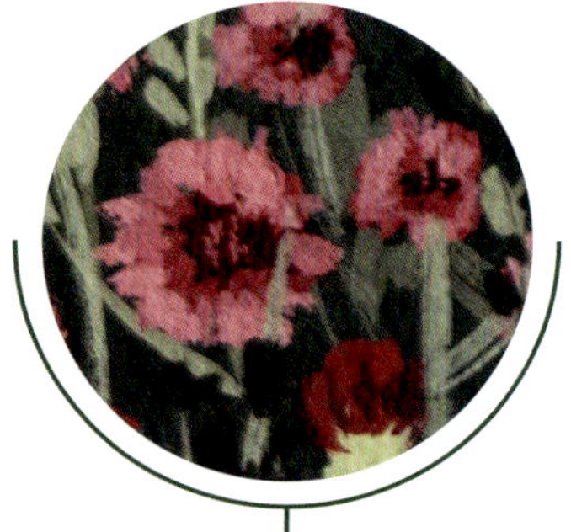

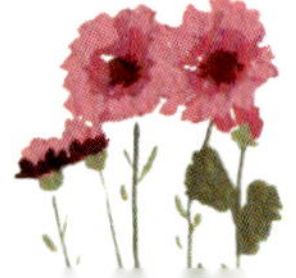

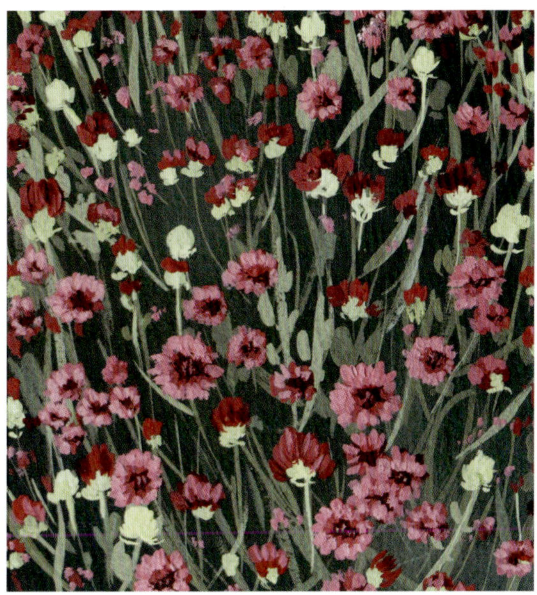

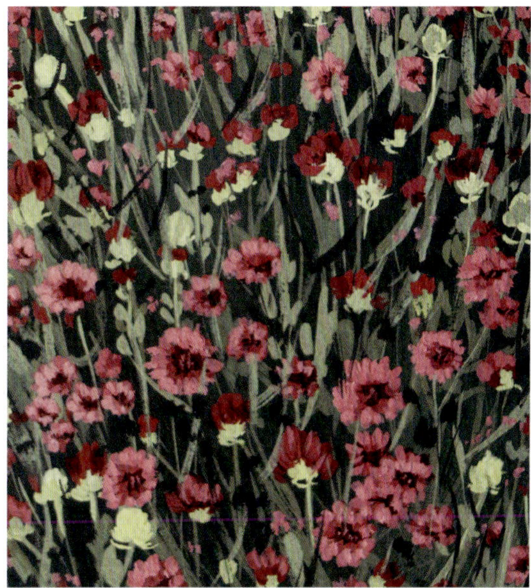

7. Das gleiche Prinzip wiederholst du mit einem helleren Farbton. Verwende dafür deinen vorher gemischten Farbton und nimm nach und nach immer ein bisschen mehr Weiß dazu, damit die Farbe Schritt für Schritt heller wird. Mit dieser kannst du auch ein paar Striche in die geschlossenen Blüten setzen und kleine Pünktchen in das Innere der Blüte tupfen.

8. Im letzten Schritt malst du die Details in deinen Blättern und Stängeln. Versuche, auch einige Stängel über die anderen und über ein paar Blumen zu malen, dann sieht es realistischer aus. Mit einem dunkleren Farbton, Umbra gebrannt und Ultramarinblau kannst du noch weitere Stängel malen. Nimm dir hier das Referenzbild zum Vergleich.

BERGASTER

Diese süßen lilafarbenen Blüten habe ich entdeckt, als ich mit meiner Mama in Triberg unterwegs war. Ich habe sie in einem Garten fotografiert und konnte es kaum abwarten, meine Idee aufs Papier zu bringen. Die Mauer habe ich dabei durch einen hellblauen Himmel ersetzt, an dem Tag war das Wetter wunderschön!

MISCHFARBEN

 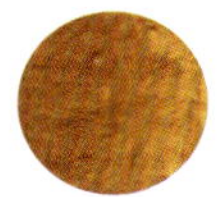 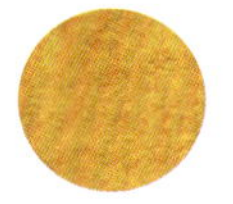  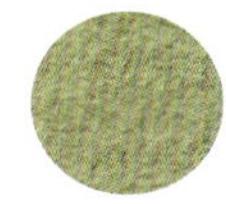  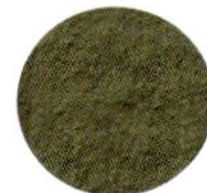  

MATERIAL

breiter, flacher Pinsel (Größe 8 – 10)

kleiner, runder Pinsel (Größe 1 – 3)

FARBEN

Ultramarinblau

Umbra gebrannt

Weiß

Olivgrün

Siena natur

Indischgelb

Magenta

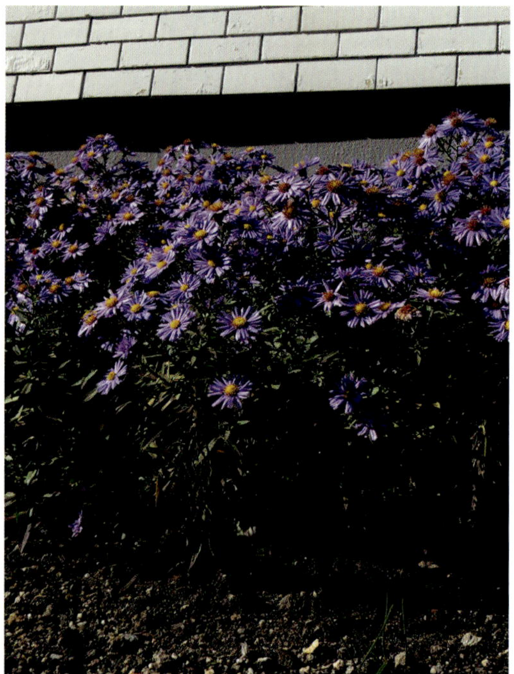

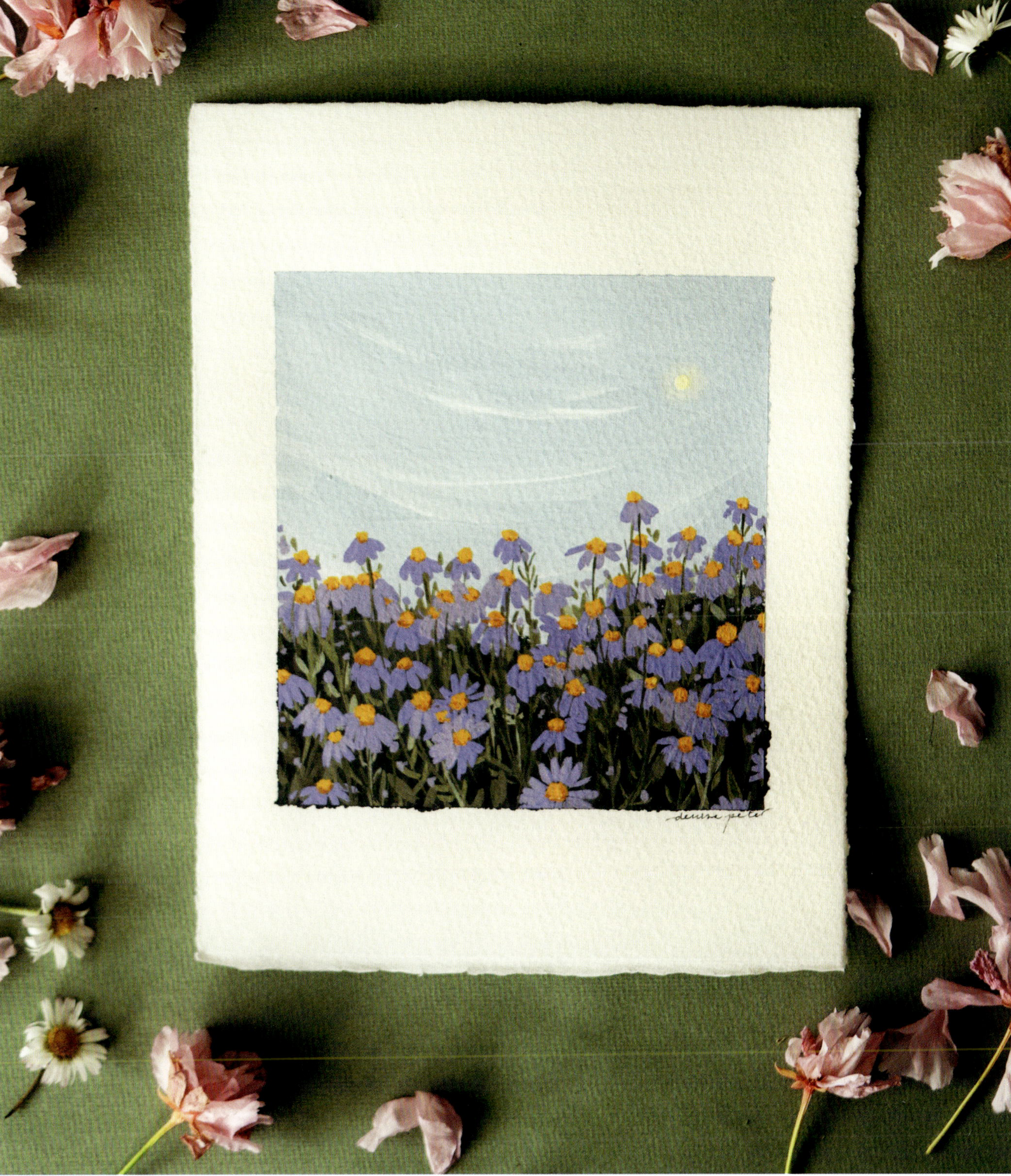
denise peter

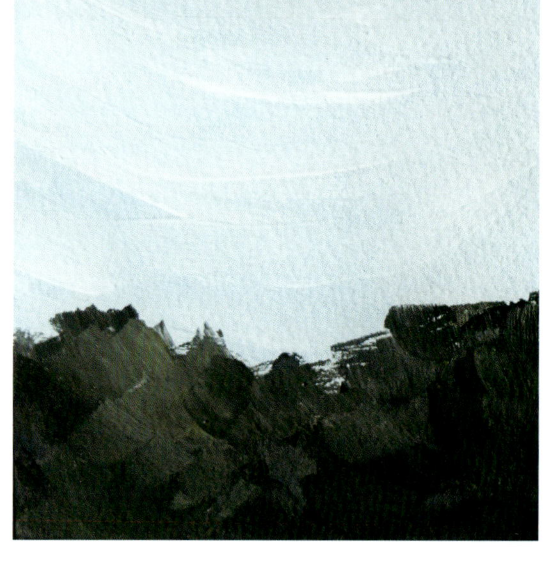

1. Anstelle der Mauer, die auf dem Bild zu sehen ist, habe ich einen Himmel gemalt. Das kannst du natürlich machen, wie du magst. Für den Himmel habe ich Ultramarinblau mit Weiß gemischt und dann direkt in die nasse Farbe mit Weiß noch Bogen reingemalt, um Wolken anzudeuten. Den unteren Teil deines Papiers kannst du dabei aussparen.

2. Mit kleinen kastenförmigen Strichen kannst du jetzt den Hintergrund deiner Grünfläche malen. Mische dir dafür Olivgrün mit Ultramarinblau und Umbra gebrannt. Verwende diese Grundfarbe für verschiedene dunkle und helle Grüntöne und fülle damit die Fläche.

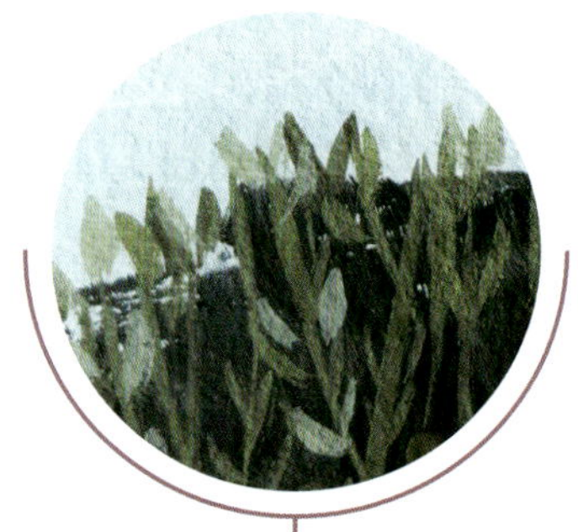

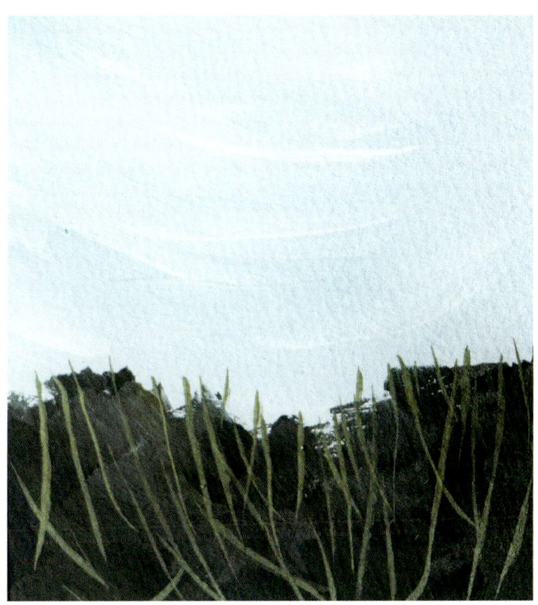

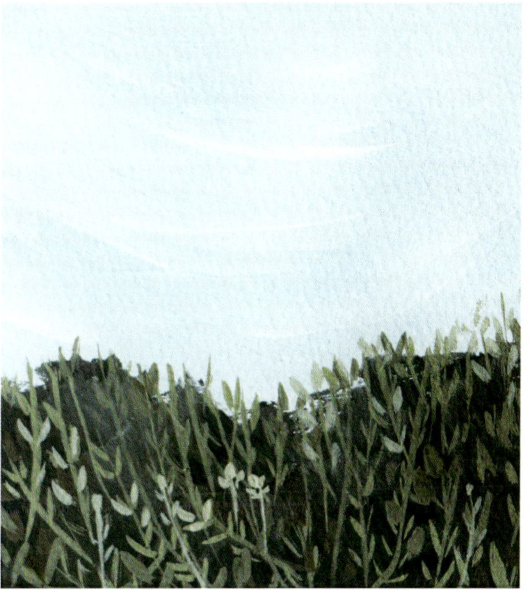

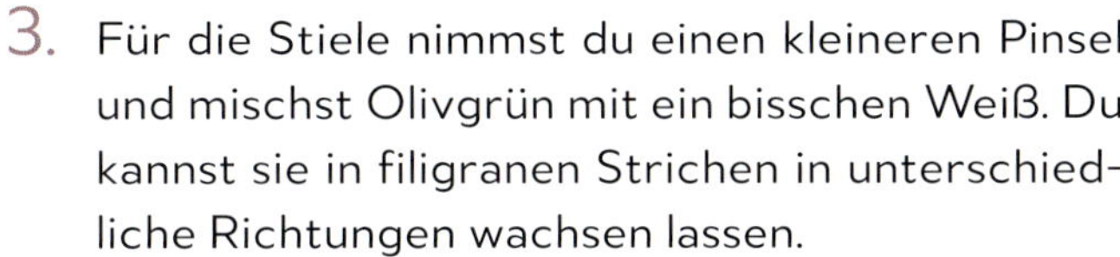

3. Für die Stiele nimmst du einen kleineren Pinsel und mischst Olivgrün mit ein bisschen Weiß. Du kannst sie in filigranen Strichen in unterschiedliche Richtungen wachsen lassen.

4. Die Blätter und weitere Stiele malst du mit verschiedenen Grüntönen. Diese sollten sich vom Hintergrund abheben und deutlich erkennbar sein. Die Stiele können auch in das Bild reinwachsen und im vorderen Bildrand eher kürzer sein. Bei den Blättern kannst du einfach wild ein paar in deinen grünen Bereich malen.

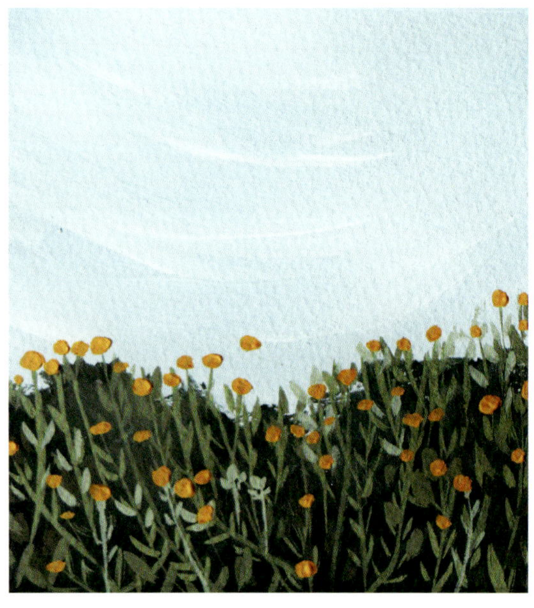

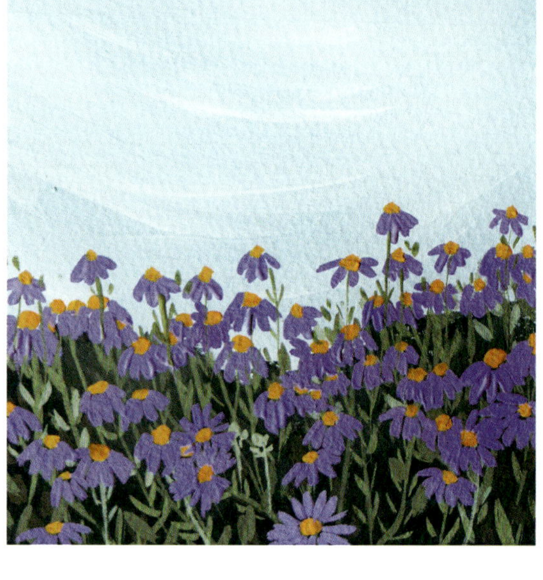

5. Das Blüteninnere tupfst du mit Siena natur, Indischgelb und Weiß. Male kleine Pünktchen an alle deine vorher gemalten Stiele. Diese können ruhig unterschiedlich groß und auch unterschiedlich geformt sein. In einem späteren Schritt malst du noch mal über das Blüteninnere, wenn es also jetzt noch nicht so richtig deckt, ist das halb so schlimm.

6. Die Bergastern, die ich in Triberg gesehen habe, hatten einen wunderschönen fliederfarbenen Ton. Den habe ich mir aus Ultramarinblau, Magenta und Weiß gemischt. Die meisten der Bergastern haben nach oben geschaut und hatten alle Blütenblätter unterhalb des Blüteninneren. Die Bergastern, die man im Vordergrund sieht, sind komplett geöffnet und perspektivisch von oben zu sehen.

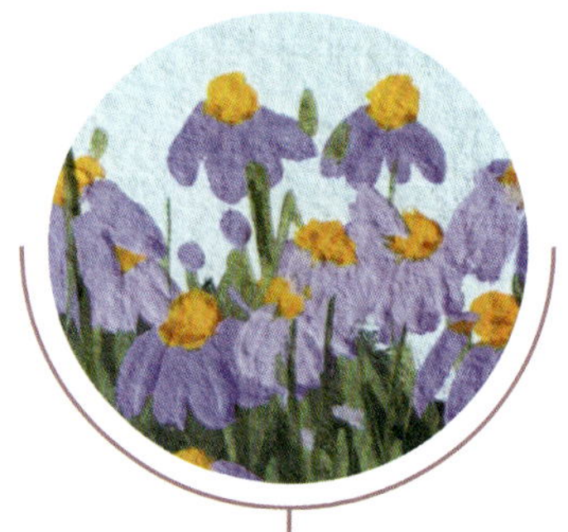

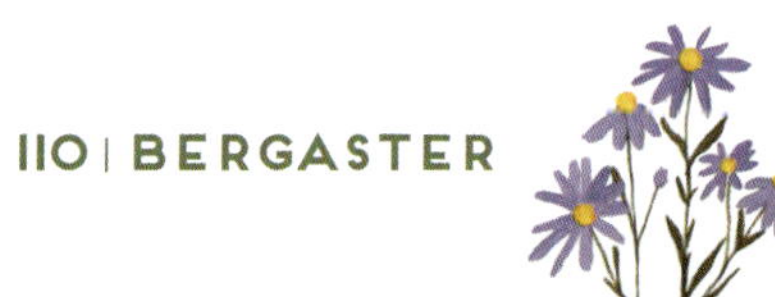

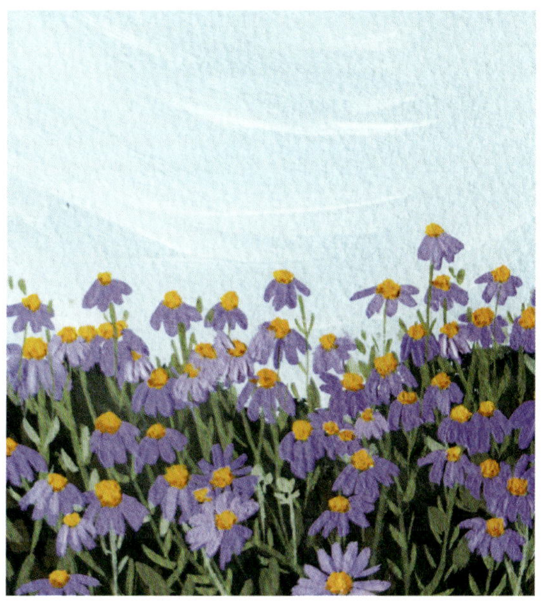

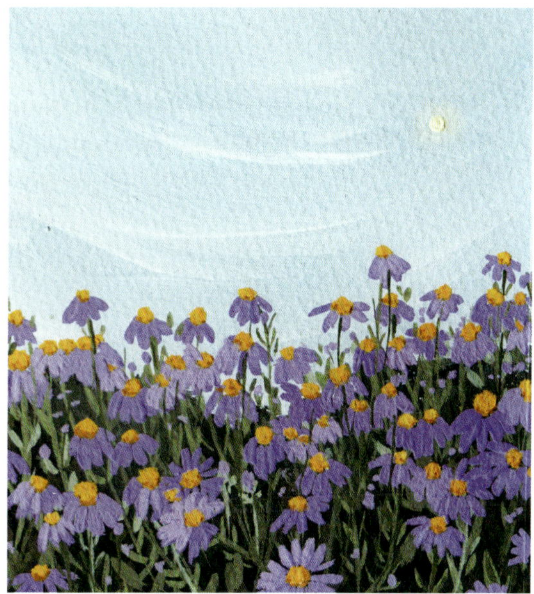

7. In diesem Schritt kannst du noch mal über dein Blüteninneres malen, um die Farbe zu verstärken. Das Blüteninnere ist oben heller und am unteren Rand einen Ton dunkler. Die helleren Stellen kannst du mit ein bisschen Weiß zu deiner bereits gemischten Farbe erzeugen und die dunkleren mit mehr Siena natur gemischt mit Umbra gebrannt. In deine Blüten kannst du mit einem helleren Lilaton noch ein paar Highlights setzen.

8. Jetzt kommen die Details, die deinem Bild den letzten Schliff verpassen. Ich habe in meinen Himmel noch einen leuchtenden Mond mit Primärgelb und Weiß gemalt. Mit deinem hellen Lilaton setzt du noch ein paar Pünktchen in deine grüne Fläche, um ein paar geschlossene Blüten anzudeuten. Mit dem hellen Grünton kannst du ein paar Stiele über deine Blüten wachsen lassen.

HORTENSIE

Hortensien machen wirklich jeden Garten schöner! Sehr viele Nachbarn haben diese Pflanze, da mache ich im Sommer dann gern ein paar Fotos, die ich als Vorlage zum Malen verwenden kann. Man kann Hortensien so abstrakt oder so genau malen, wie man es gern hat. Ich mache das immer je nach Laune.

MISCHFARBEN

   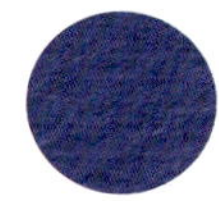  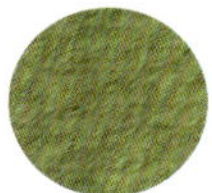 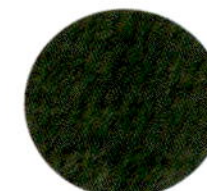 

MATERIAL

breiter, flacher Pinsel (Größe 8 – 10)

kleiner, runder Pinsel (Größe 1 – 3)

FARBEN

Umbra gebrannt

Ultramarinblau

Weiß

Siena natur

Primärgelb

Magenta

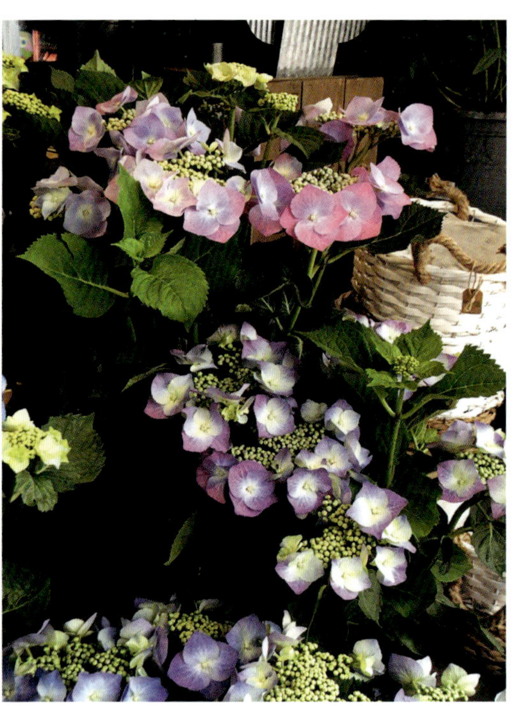

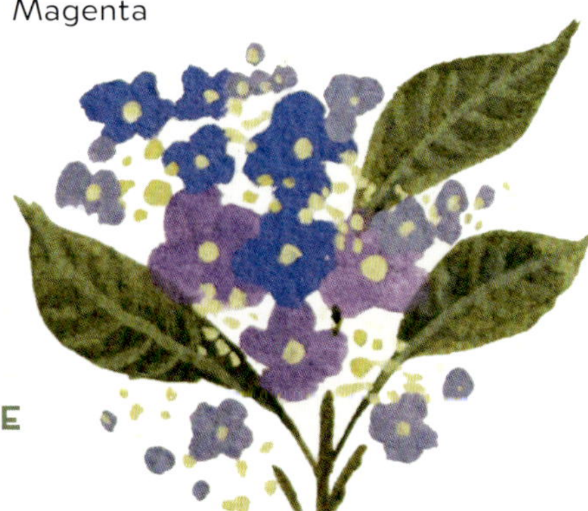

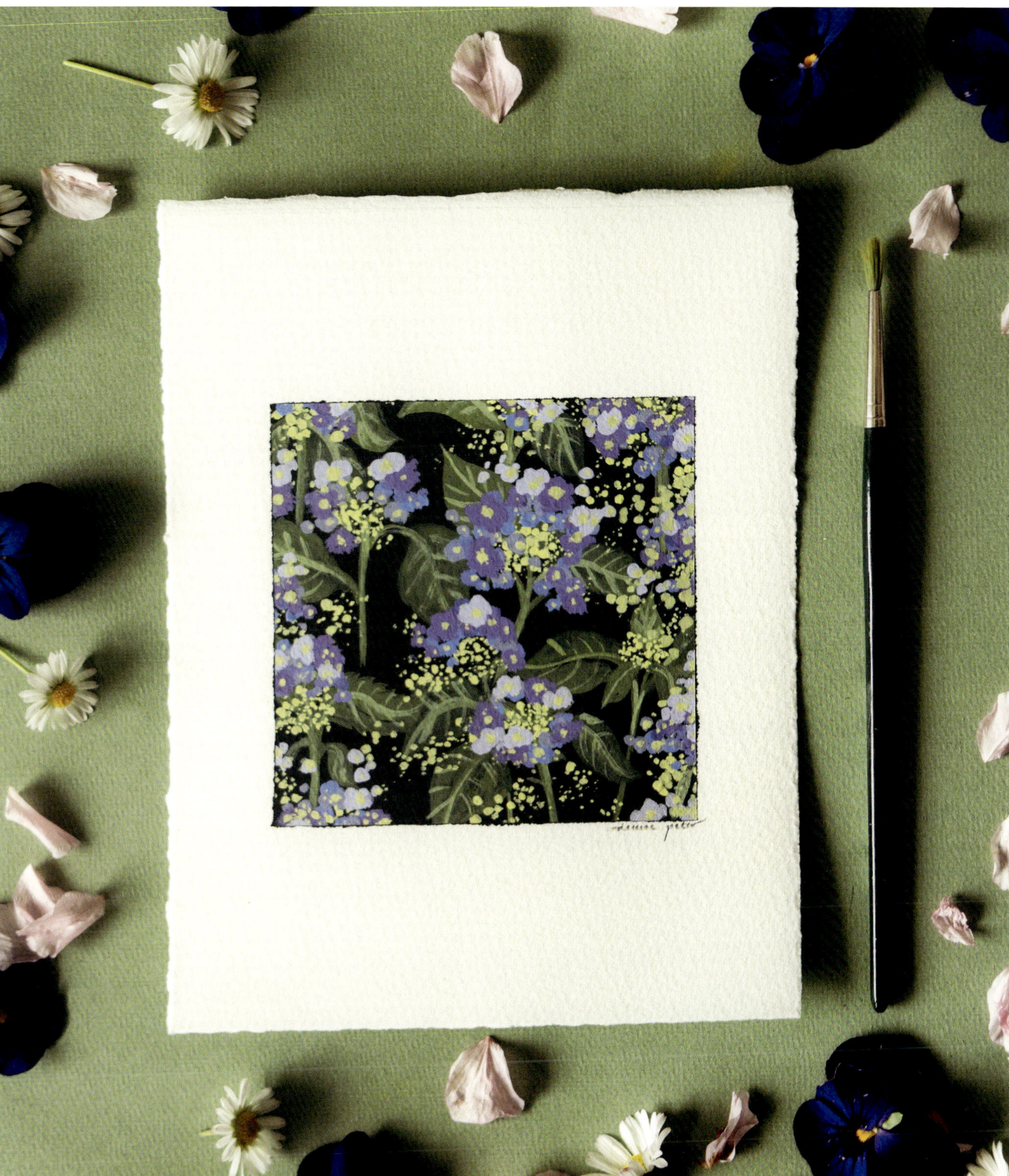

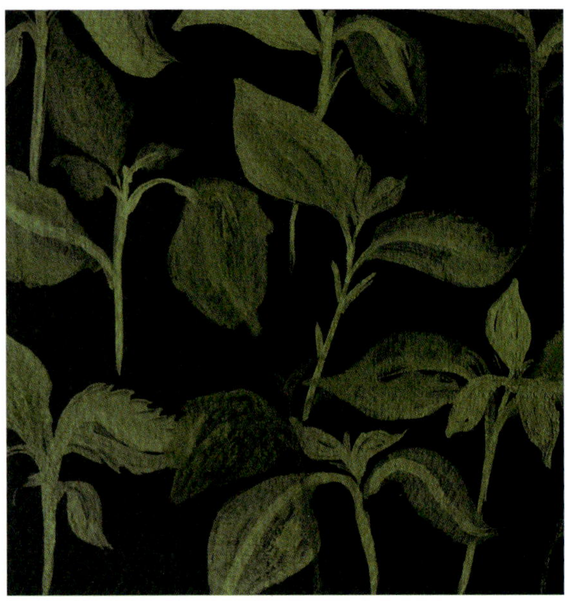

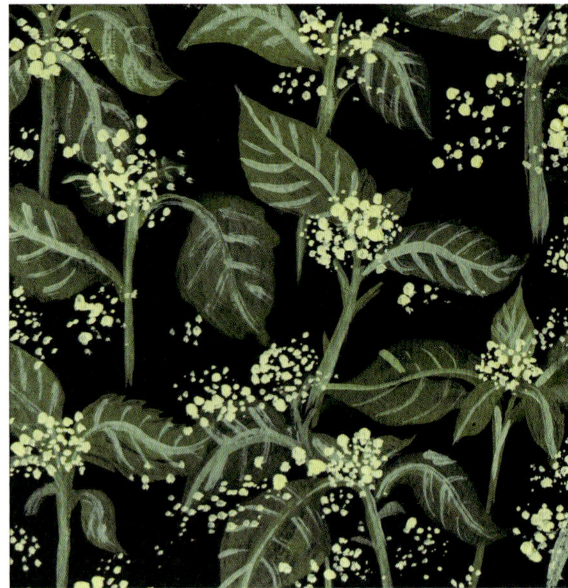

1. Mische dir ein sehr dunkles Grau mit Umbra gebrannt und Ultramarinblau und bedecke damit deine komplette Fläche. Nimm dafür einen großen Pinsel. In den noch nassen Hintergrund kannst du jetzt mit einem Grünton, gemischt aus Ultramarinblau, Umbra gebrannt und Siena natur die Stiele und Blätter der Hortensien malen. Achte dabei auf die einzelnen Verzweigungen. Wenn du einen quadratischen Bildausschnitt gewählt hast, dann suche dir auch auf dem Vorlagenbild einen quadratischen Ausschnitt aus, der dir gefällt. Das muss nicht so genau sein, du kannst dir einfach ein paar Blätter und Stiele aussuchen, deren Anordnung du magst.

2. Mit einem helleren Grünton kannst du jetzt die Blattadern malen. Dafür fügst du deinem bereits gemischten Grünton zusätzlich noch etwas Weiß hinzu. Für den nächsten Schritt sollte dein bisheriges Bild so gut wie trocken sein. Mische in deinen hellen Grünton mehr Weiß und Primärgelb, sodass es ein leuchtendes, eher bissiges, grünliches Gelb ergibt. Nimm einen kleinen Pinsel und male ganz kleine Punkte an den oberen Bereich deiner Blattstiele. Ein paar kannst du auch willkürlich in die dunklen Stellen malen. Die Punkte können unterschiedlich groß sein.

TIPP

Wie genau du die Blüten malst, ist dir überlassen. Schön ist es hier auch, wenn du die Blüten nur auftupfst und nicht zu genau malst. Das macht es ein bisschen lebendiger.

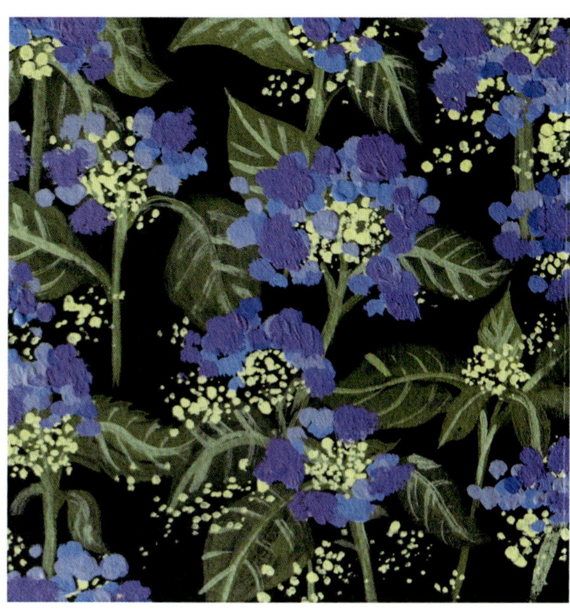

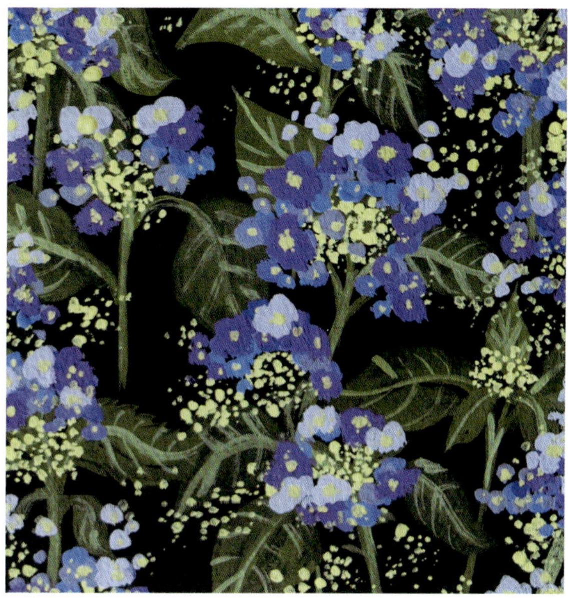

3. Für die Blüten mischst du dir verschiedene Blaulilatöne. Nimm dafür unterschiedliche Anteile von Ultramarinblau, Magenta und Weiß. Du könntest natürlich auch andere Farbtöne nehmen, Hortensien gibt es schließlich in schönen Lila-, Rot- oder Rosatönen.

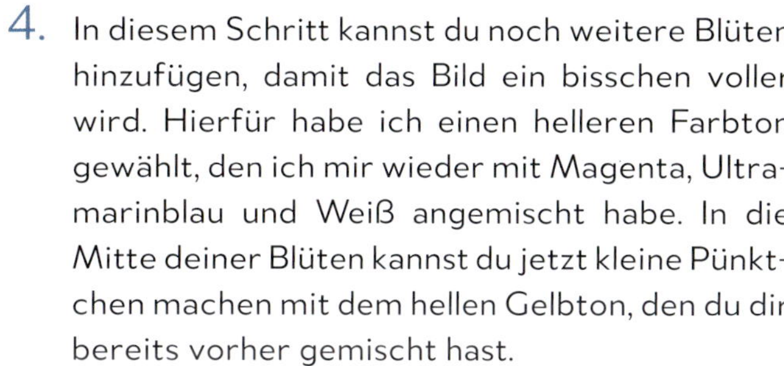

4. In diesem Schritt kannst du noch weitere Blüten hinzufügen, damit das Bild ein bisschen voller wird. Hierfür habe ich einen helleren Farbton gewählt, den ich mir wieder mit Magenta, Ultramarinblau und Weiß angemischt habe. In die Mitte deiner Blüten kannst du jetzt kleine Pünktchen machen mit dem hellen Gelbton, den du dir bereits vorher gemischt hast.

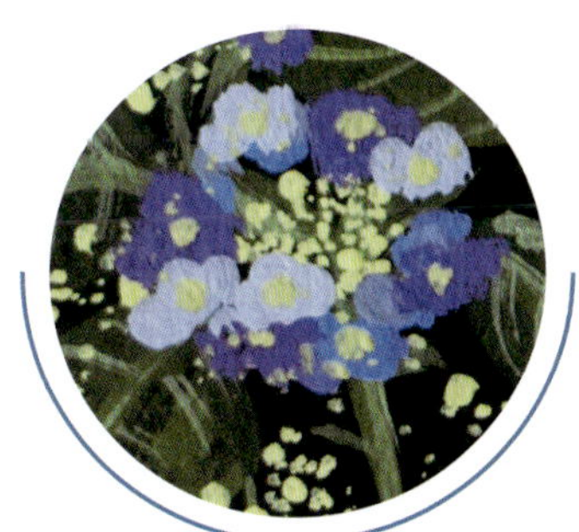

VERGISSMEIN-NICHT

Vergissmeinnicht sind sehr melancholisch für mich, ich weiß nicht wirklich, wieso. Aber immer, wenn ich sie bei Spaziergängen zufällig sehe, überkommt mich ein beruhigendes Gefühl, ein Gefühl von Heimat.

MISCHFARBEN

     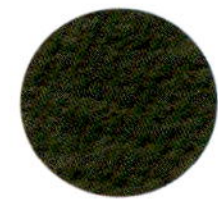  

MATERIAL

breiter, flacher Pinsel (Größe 8 – 10)

1 oder 2 kleine, runde Pinsel (Größe 1 – 3)

FARBEN

Ultramarinblau

Umbra gebrannt

Siena natur

Weiß

Primärgelb

Magenta

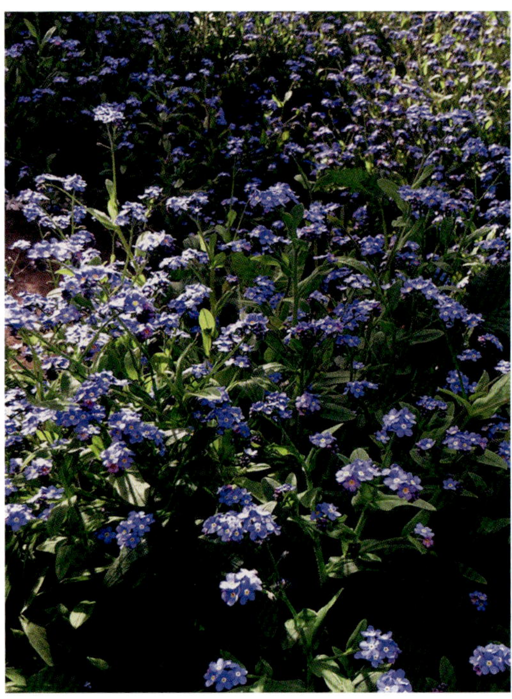

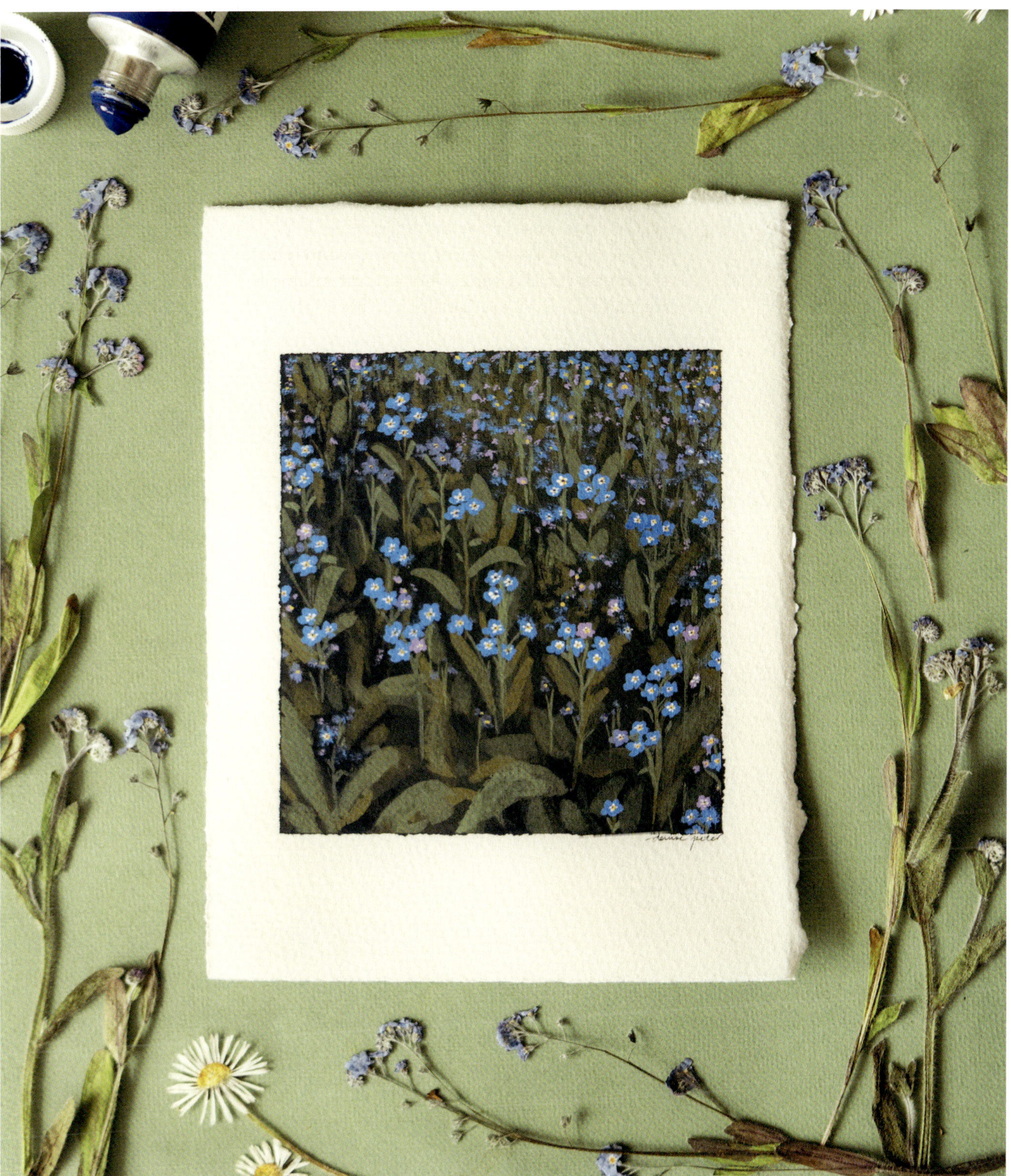

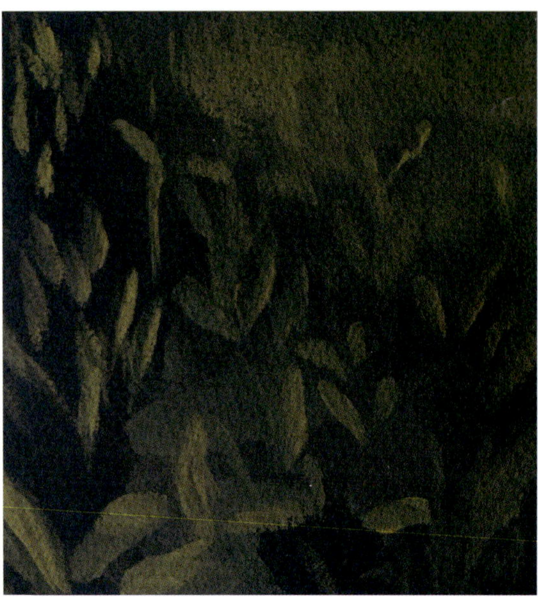

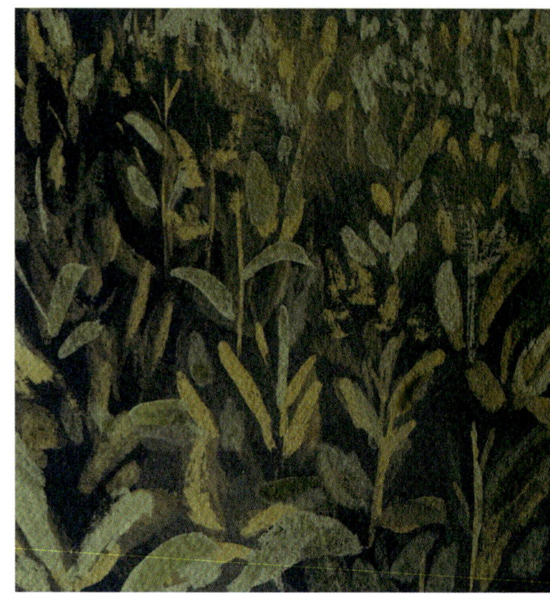

1. Mische dir für den Hintergrund Ultramarinblau mit Umbra gebrannt und bedecke mit einem großen Pinsel deine gesamte Fläche. In diese aufgetragene Farbe mischst du dir direkt Siena natur und ein wenig Primärgelb. Gehe damit in die noch nasse Farbe an die Stellen, die auch auf der Vorlage heller sind, wie z. B. oben rechts. Auf diese Weise kannst du auch mit feineren Strichen langsam deine Blätter aufbauen, werde dabei einfach immer heller.

2. Nimm deinen hellen Olivgrünton und wiederhole das Prinzip der Blätter, male dafür in mehreren Schichten. Mische dir in deinen Grünton noch zusätzlich Weiß, nimm noch viel Wasser dazu und male eine weitere Schicht mit Blättern und Stielen. Je höher du im Bild kommst, desto kleiner können diese Farbstellen werden. Oben rechts reicht es, wenn du dann nur noch tupfst.

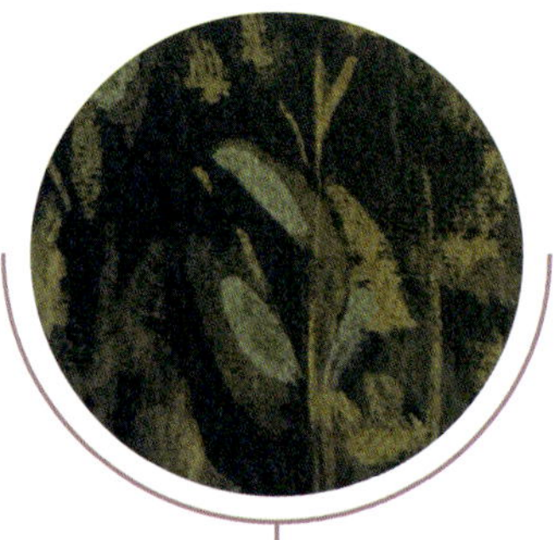

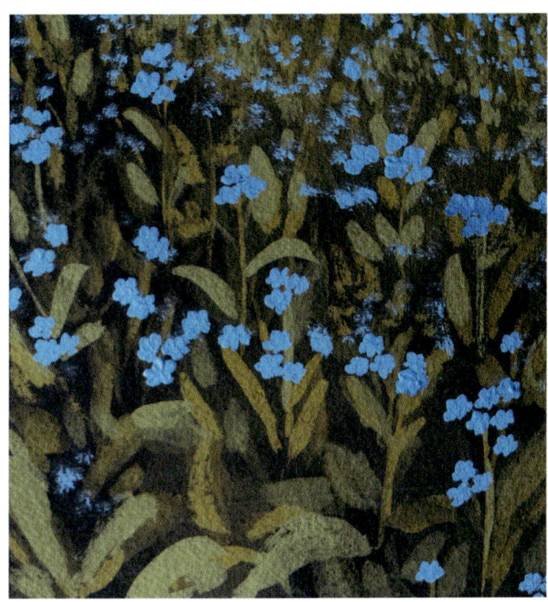

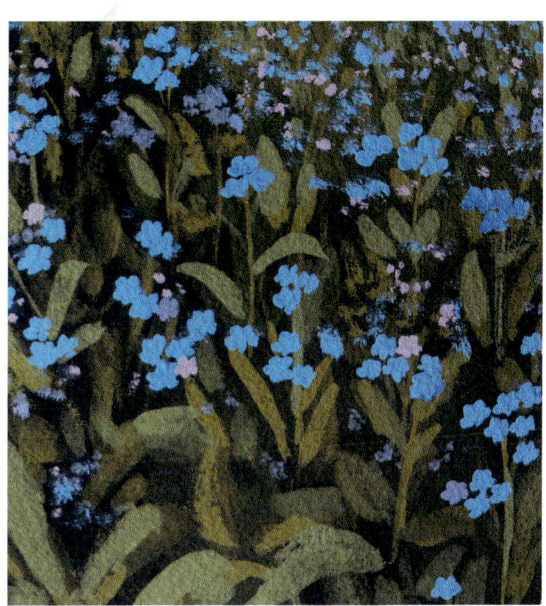

3. Für die Blüten der Vergissmeinnicht mischst du dir Ultramarinblau mit Weiß. Nimm deinen kleinen runden Pinsel und forme dir damit jeweils immer fünf Blütenblätter. Achte dabei genau auf die Vorlage und male immer mehrere Blüten in die Nähe eines Stiels. Im rechten oberen Teil des Bildes reicht es, wenn du die Blüten einfach auftupfst. Das kannst du auch an weiteren Stellen im Bild machen, nimm dafür die restliche Farbe, die noch an deinem Pinsel ist.

4. Mische in deinen blauen Farbton noch ein wenig Magenta und ein bisschen mehr Weiß und mache damit weitere, aber sehr wenige Blüten. Mit dieser Farbe kannst du auch ganz kleine Pünktchen unter deine Blüten setzen.

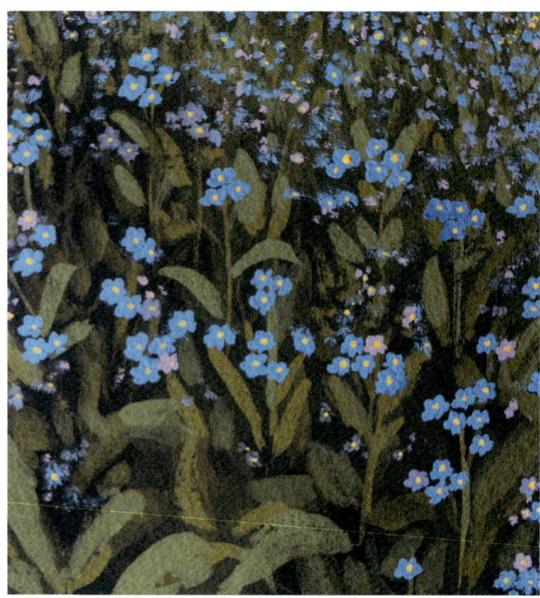

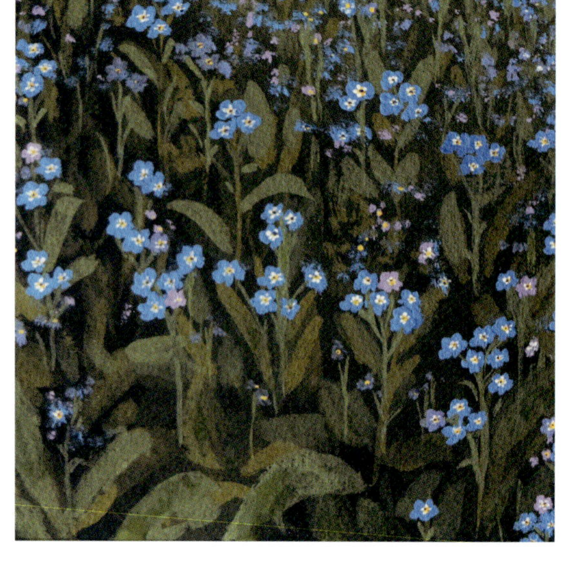

5. Für das Blüteninnere nimmst du zunächst Siena natur und Primärgelb und fügst in die Mitte deiner Blüten einen kleinen Punkt ein. Dafür säuberst du zunächst deinen Pinsel, nimmst wenig Farbe auf, hältst deinen Pinsel senkrecht zum Bild und setzt ihn mit leichtem Druck auf.

6. Um diesen Punkt herum malst du jetzt mit Weiß und deinem kleinsten Pinsel jeweils immer fünf kleine Striche. In dein Blüteninneres setzt du mit Ultramarinblau und Magenta einen noch kleineren Punkt. Ganz zum Schluss kannst du noch mal mit deinem Grünton die Stiele nachmalen und kleine Stängel für die einzelnen Blüten hinzufügen. Fertig sind deine Vergissmeinnicht.

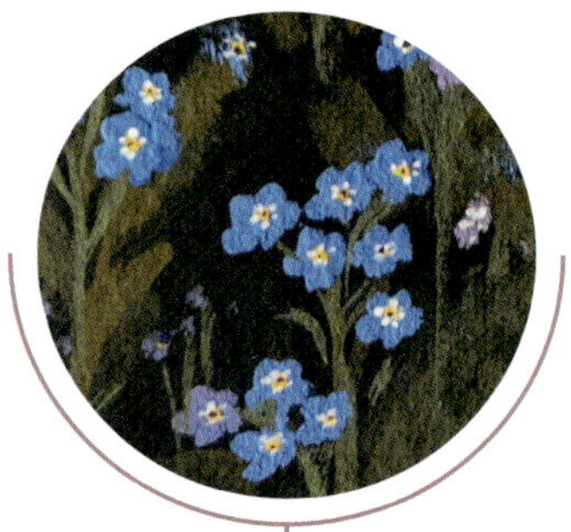

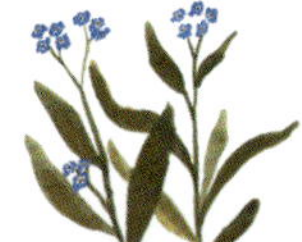

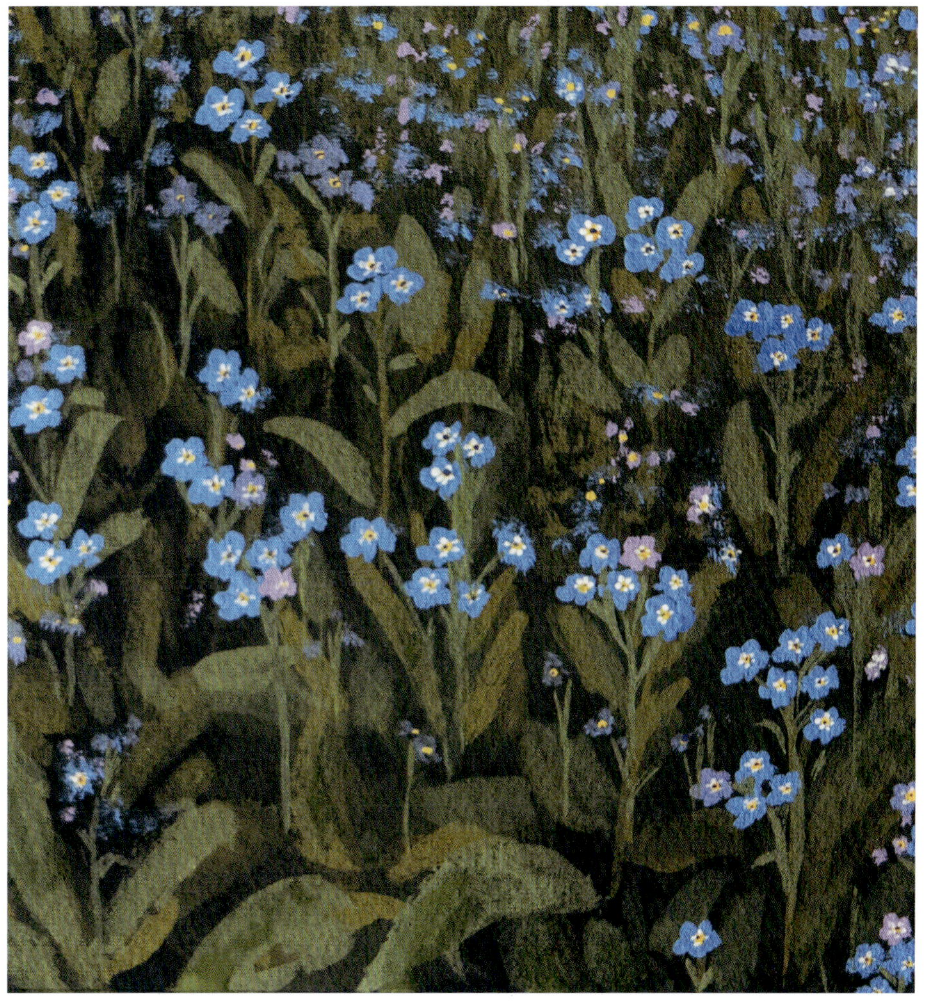

TIPP

Gemalte oder gezeichnete Vergissmeinnicht lassen sich auch super schön als Karte an die Liebsten verschenken. Eben weil sie so ein Heimatgefühl geben.

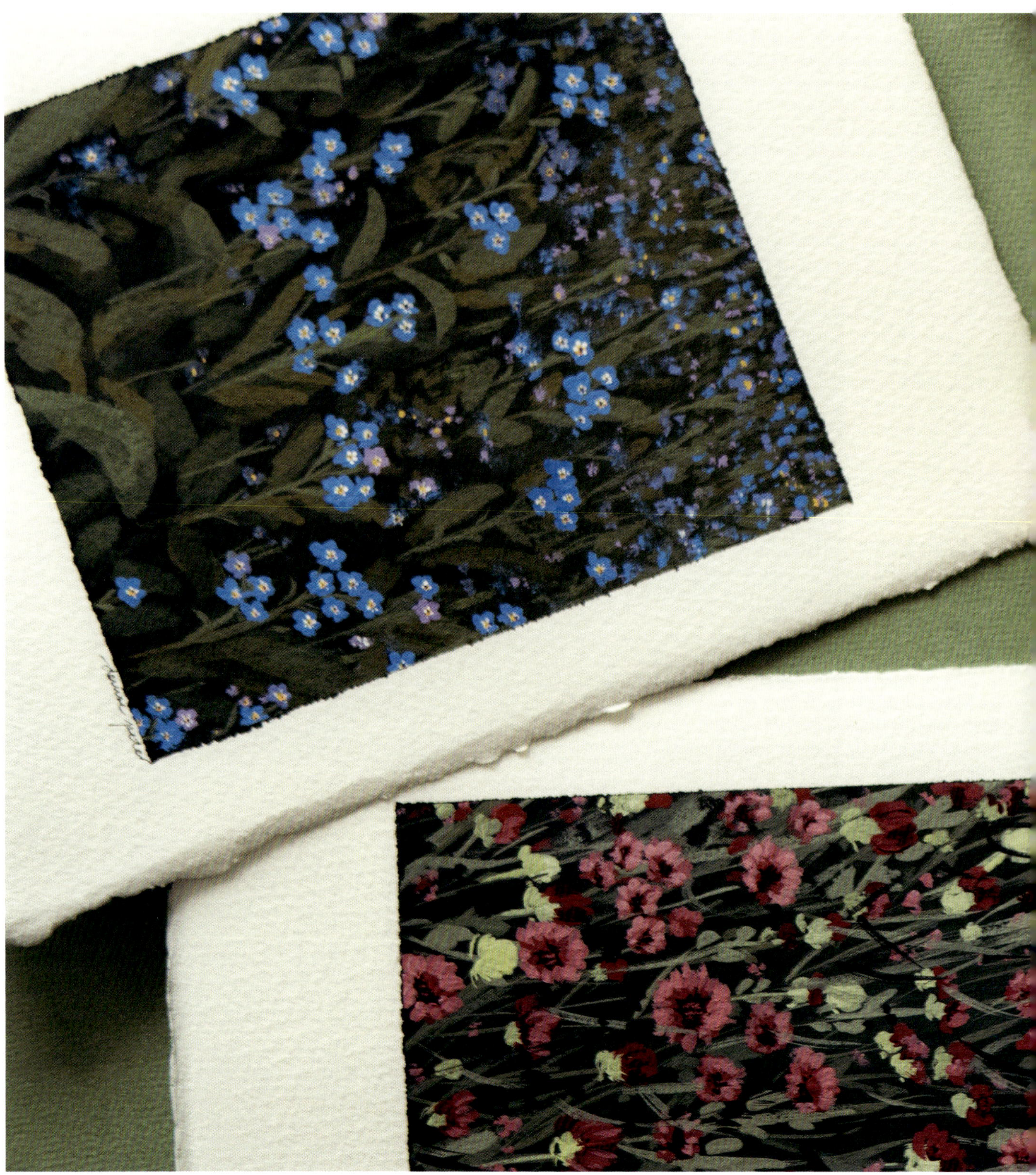

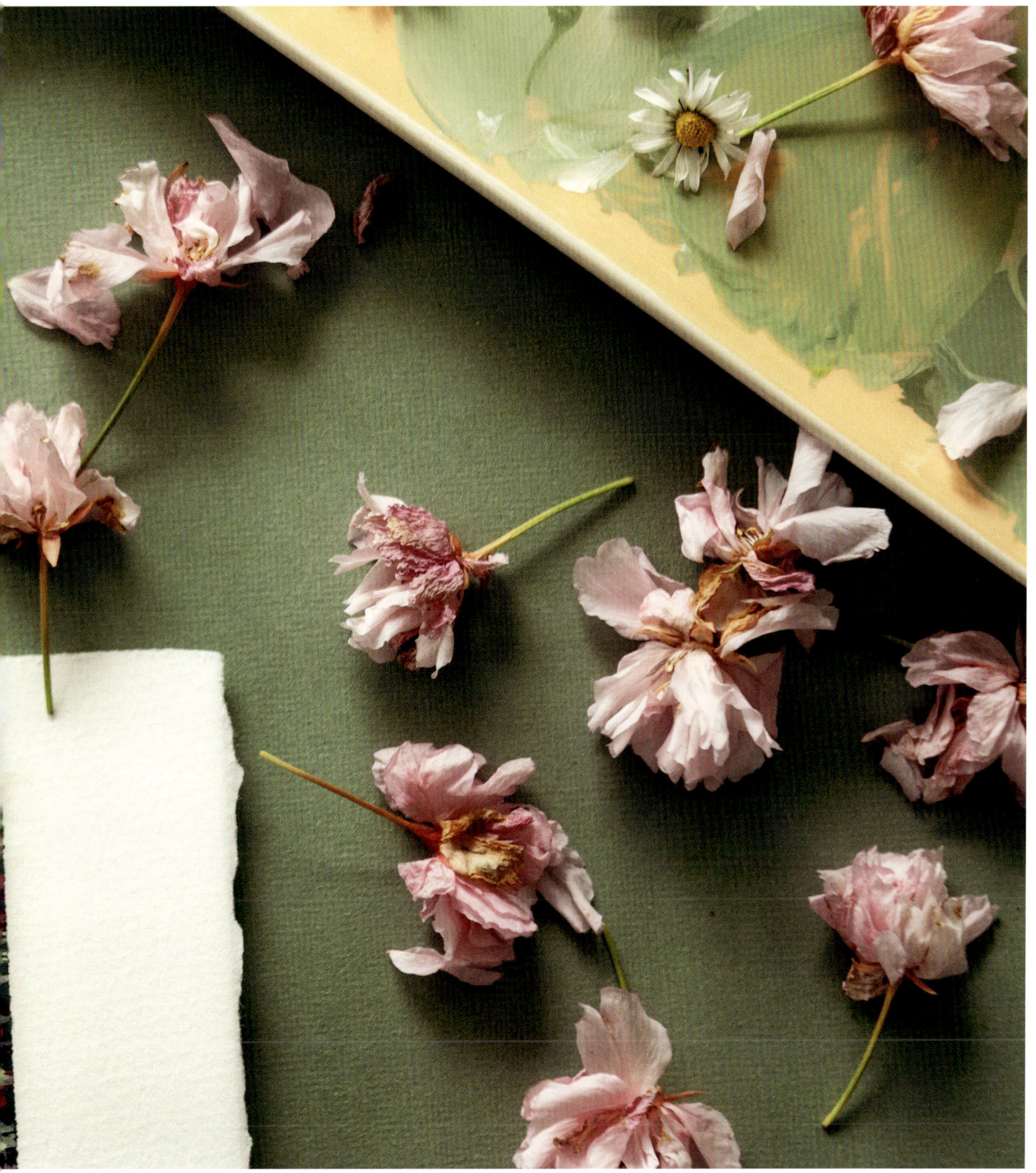

MOTIVATION

Ich hoffe, du hast beim Durchblättern das ein oder andere motivierende und inspirierende Bild gesehen und es vielleicht sogar direkt mitgemalt. Bevor ich dich dem Buch überlasse, würde ich dir gern noch ein paar motivierende Worte mit auf den Weg geben. Das Malen ist eine Fähigkeit, die man sich aneignen kann, egal, wie alt man ist. Diese Fähigkeit muss aber, wie jede andere auch, praktiziert werden, um erlernt werden zu können. Das benötigt natürlich Übung und Experimente und bestimmt auch einige Fehlversuche. Fokussiere dich immer darauf, dass du dir jetzt die Zeit nimmst, um etwas für dich zu machen. Denke bei jedem gescheiterten Bild daran, dass es mehr auf den Prozess ankommt als auf das tatsächliche Ergebnis. Klar ist es schön, wenn auch das Ergebnis erfreuend ist. Das sollte aber einfach nur eine nette zusätzliche Belohnung sein. So wie alles andere, braucht auch die Malerei Übung. Es ist nämlich wirklich noch kein Meister vom Himmel gefallen. Vertraue deinem eigenen Prozess und versuche, dich nicht mit anderen zu vergleichen. Das ist dein Prozess und diese Entwicklung siehst du am besten, wenn du dabei nur deine eigenen Bilder miteinander vergleichst. Seit knapp zwei Jahren male ich jetzt mit Gouache und lerne jedes Mal etwas Neues dazu. Ich schaue mir sehr gern Bilder an, die ich früher gemalt habe, und sehe dann, wie weit ich gekommen bin. Jedes Mal werde ich daran erinnert, wie wichtig es ist, einfach nur für sich selbst zu malen und den Prozess an sich als Erfolg anzusehen. Verlasse dich immer auf deine eigene Stimme, male das, was du willst, nutze dafür deine eigenen Referenzfotos und fokussiere dich immer auf deine eigene innere Motivation. Sei stolz auf dich, dass du dir diese Fertigkeit anlernen willst. Ich hoffe sehr, dass du Spaß hast und dranbleibst und am Ende unter jedes deiner Bilder stolz deinen Namen schreibst.

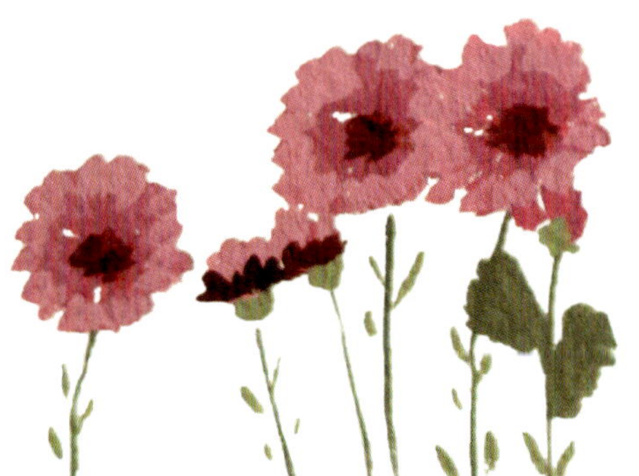

ÜBER DIE AUTORIN

Denise Peter lebt als Künstlerin und Kunstpädagogin in Gießen. Nach ihrem Kunstpädagogik- und Germanistikstudium startete sie 2019 ein 100-Tages-Projekt und teilte entsprechend 100 Tage lang ihre Bilder täglich auf Instagram, wobei sie Gouache als Medium für sich entdeckte. Mit der täglichen Interaktion ist auch die Zahl ihrer Follower stetig gewachsen und mit steigender Anfrage wurde ein paar Monate später ein lang ersehnter Onlineshop eröffnet. In ihrem eigenen Atelier kreiert sie neben floralen Motiven auch Landschaften und verträumte Wolkenszenen.

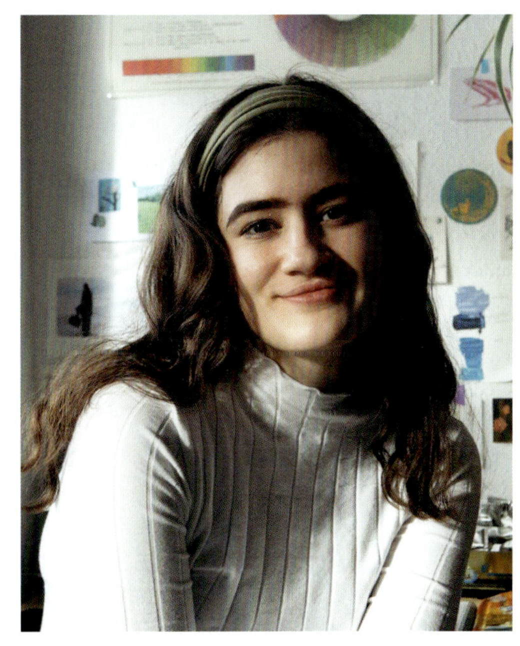

Mehr über Denise erfährst du auf
www.denisepeter.de

und auf Instagram **@denaisx**

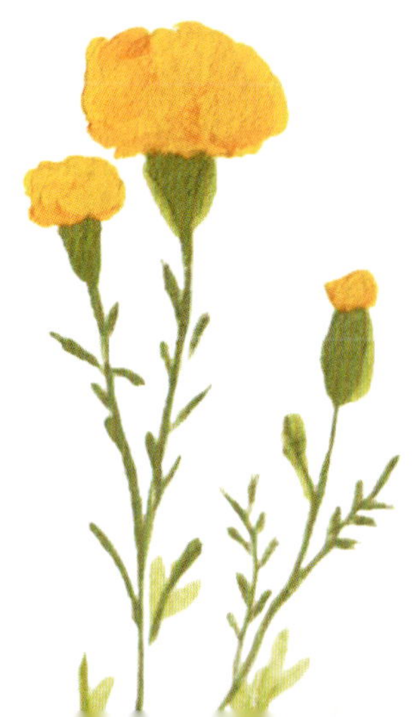

DANKSAGUNG

An dieser Stelle möchte ich mich bedanken, zunächst beim EMF Verlag, durch den die Idee des Buchs überhaupt erst mal entstanden ist, bei meiner Lektorin Anne für die Unterstützung und natürlich das Lektorat und bei Pia für das schöne Layout. Danke auch an Schmincke für die zur Verfügung gestellten Gouachefarben. Danke an alle lieben Menschen um mich herum, meine Familie, meinen Freund und meine engsten Freunde, die sich zusammen mit mir gefreut haben, dass dieses Buch zustande gekommen ist und mir im Prozess und im Stress beiseitegestanden haben. Natürlich danke ich auch allen, die mich auf meinem Weg begleitet und mir mit ihren lieben Nachrichten immer einen Anstoß gegeben haben, weiterzumachen. Ich danke auch allen, die sich dieses Buch aus all den Büchern ausgesucht und bis hierhin gelesen haben.

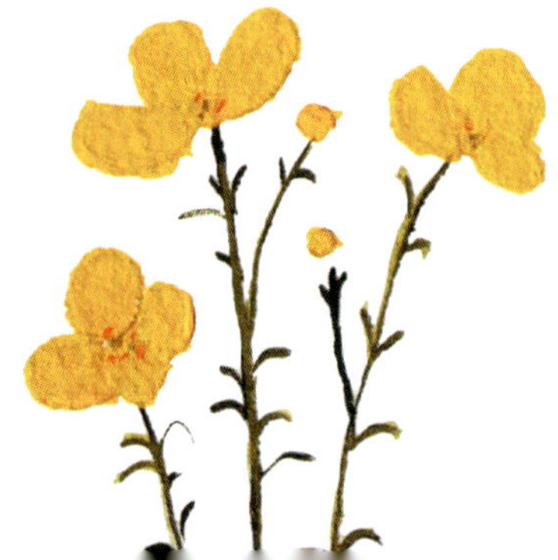

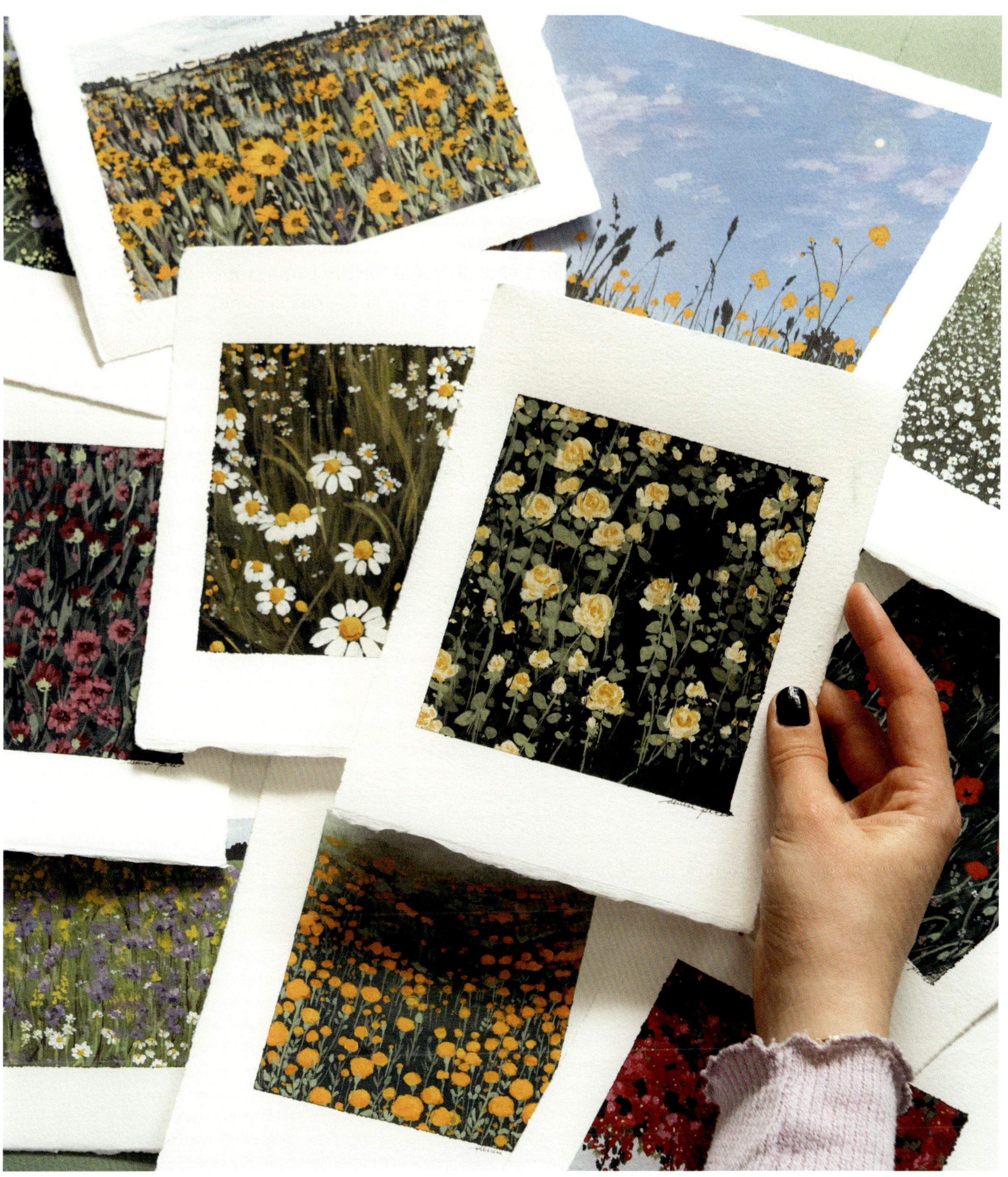

IMPRESSUM

Bibliografische Information der Deutschen Bibliothek.

Die Deutsche Bibliothek verzeichnet diese Publikation in der Deutschen Nationalbibliografie.

Detaillierte bibliografische Daten sind im Internet über http://www.dnb.de/ abrufbar.

Die im Buch veröffentlichten Aussagen und Ratschläge wurden von Verfasserin und Verlag sorgfältig erarbeitet und geprüft. Eine Garantie für das Gelingen kann jedoch nicht übernommen werden, ebenso ist die Haftung der Verfasserin bzw. des Verlags und seiner Beauftragten für Personen-, Sach- und Vermögensschäden ausgeschlossen.

Bei der Verwendung im Unterricht ist auf dieses Buch hinzuweisen.

EIN BUCH DER EDITION MICHAEL FISCHER

1. Auflage 2021

Covergestaltung: Alexandra Wolf, Pia von Miller

Layout und Satz: Pia von Miller

Redaktion und Lektorat: Anneliese Roth

ISBN 978-3-7459-0669-1

Gedruckt bei Polygraf Print, Čapajevova 44, 08001 Prešov, Slowakei

www.emf-verlag.de